ことばの力を育む

大津由紀雄・窪薗晴夫

慶應義塾大学出版会

はじめに

　この本は、第一義的に、小学校における外国語活動のため使われることを想定して書いたものです。外国語活動——現実的には、ほとんどの場合、英語活動という形態をとるものと思われますが——のためと言いながら、具体的教材を提示した「実践編」には外国語はほとんど登場しません。その点に違和感を感じられるむきも多いかと思いますが、まさにそのことが外国語活動に対する筆者らの立場を端的にあらわしたものといえます。以下に、解説しましょう。

　2008年3月に告示された学習指導要領で、小学校高学年における外国語活動が必修化されました。小学校関係者はもちろんのこと、小学生ややがて小学生になるお子さんの保護者の方々、マスコミ、教育産業、そして、広く一般の方々もこの問題に大きな関心を寄せ、さまざまな意見が飛び交っています。しかし、筆者らの目には、学習指導要領の表面的な理解が先行しているように思えます。

　たしかに、「外国語活動」とうたってはいるのですが、その目指すところは「積極的にコミュニケーションを図ろうとする態度の育成」にあると記されています。関連して、小学校段階では、「小学生のもつ柔軟な適応力を生かして、言葉への自覚を促し、幅広い言語に関する能力や国際感覚の基盤を培う」ことや、「言葉の大切さや豊かさ等に気付かせたり、言語に対する関心を高め、これを尊重する態度を身に付けさせる」ことが重要であることが明らかにされています（菅正隆文部科学省教育課程教科調査官「解説　変わる学習指導要領11　ここがポイント　外国語活動」『日本教育新聞』2008年2月18日）。

　つまり、小学校における外国語活動は英語の運用能力を育成することを本義とするものではないのです。文科省用語では、英語の運用能力を「スキル」と呼びますが、小学校英語はスキルの育成を目指すものではないのです。

　その点を裏付けるように、小学校英語は、中学校段階の文法等の英語教育を「前倒し」にするのではないことが強調されています。同時に、小学校英語は学級担任が主導するものであることも繰り返し述べられています。

　このように考えると、新しい学習指導要領に示された小学校での外国語活動は、小学校英語に対するさまざまな期待（子どもが英語を使えるようにしてほしいという保護者からの期待、英語が使える人材を社会に送り出してほしいという経済界からの期待、小学校英語の導入によって早期英語教育市場を一層活性化させたいと望む教育産業からの期待、などなど）に現実的に対応可能な形での落とし所を探っていた文部科学省にとって、ほとんど最適解といってもよいほどのものといえます。

　その本質——本音——を十分に理解した上で、外国語活動に対処する必要があることはいうまでもありません。文部科学省では、国として各学校において共通に指導する内容を示すことが必要であるとして、「英語ノート」（仮称）を作成中です。公開されている「内容見本」を見る限り、英語の仕組みや働きに深入りすることは慎重に回避されて

います。仕組み（文法）を教えないで、積極的にコミュニケーションを図ろうとする態度を育成しようという、所詮、無理な問題に対処しようとするのですから、これは非常に現実的で、賢い知恵です。

あとは、その知恵を最大限に生かして、子どもたちの発達を支援する術を模索することです。そして、筆者らは、英語（外国語）をとりあげなくてはならないという足かせを配布予定の「英語ノート」などでさらりとかわし、あとは多くの子どもたちの先生方の母語である日本語を使って「言葉への自覚」（私たちのいう「ことばへの気づき」）を促し、「言葉の大切さや豊かさ等に気付かせたり、言語に対する関心を高め、これを尊重する態度を身に付けさせる」よう工夫すればよいと考えます。

冒頭に述べたように、この本は、第一義的に、小学校における外国語活動のためのものです。しかし、それ以外の使い方も考えられます。新しい学習指導要領を貫いている考えのひとつは「言語力の育成」です。そして、その育成を教科横断的に行うことが強調されています。その意味で、この本を外国語活動のためだけでなく、たとえば、総合的な学習の時間のために使うことも、国語のために使うことも可能です。とくに、言語力の育成の中核を担う教科とされている国語の時間にこの本の「実践編」の一部を利用することも大いに意味があることです。

また、子どもたちがことばの力を育んでいく支援をするためには、まず、先生方のことばに対する意識を高めていく必要があります。この本はその目的のためにも使うことができます。先生方のことばの意識が高まれば、この本の「理論編」を参考にしながら、ご自身で実践用の教材を開発することも可能になります。

ことばの楽しさ、豊かさ、怖さについて、この本一冊の中にすべてを盛り込むことは到底不可能です。この本で提示する、教育の新たな可能性について、多くの方々の賛同を得て、今後、この本の続編も世に問うていくことができればと願っています。

この企画を充実させていくためには読者のみなさんからのフィードバックが不可欠です。ぜひみなさんの感想、ご意見などをお聞かせください。慶應義塾大学出版会編集部宛の郵便あるいはファクスでも、著者宛の電子メール（oyukio@sfc.keio.ac.jp）でもけっこうです。よろしくお願いいたします。

ことばは人間だけに与えられた宝物です。ことばは楽しく、そして、とても奥が深いのです。その仕組みや働きを理解することによって、ことばという宝物を存分に活用することができます。この本によって、そうした試みの重要性をひとりでも多くの方々に理解していただけたらと、私たちは願っています。

2008年　春

大津由紀雄
窪薗　晴夫

増刷にあたって

　2008年に出版された本書が約10年の年月を経て、増刷の運びとなった。著者として大きな喜びである。

　2008年というと、小学校高学年への外国語活動の導入を含む現行学習指導要領が告示された年である。そして、今回の増刷が2018年、奇しくも、小学校高学年への教科としての外国語の導入と中学年への外国語活動の前倒しを含む、新学習指導要領が告示された翌年にあたる。小学校英語の本格的導入の意図が明白になると同時に、小学校の先生方の当惑と不安は以前にも増して深刻なものになっている。

　ただ、新学習指導要領には本書「理論編」で展開した視点が（密かに）組み込まれている部分もあり、筆者としてはそこに一縷の望みをかけたい。具体的には、国語教育と英語教育の連携（関連）という、年来の筆者の主張を反映したと思われる記述が学習指導要領やその解説に散見される。小学校国語には「言語能力の向上を図る観点から、外国語活動及び外国語科など他教科等との関連を積極的に図り、指導の効果を高めるようにすること」（p.24）という文言が見られる。小学校外国語活動には「英語の音声やリズムなどに慣れ親しむとともに、日本語との違いを知り、言葉の面白さや豊かさに気付くこと」（p.155）という一節も見られる。さらに、小学校外国語では、「日本語と英語の語順の違い等に気付かせる」（p.139）という件もある。中学校国語には「言語能力の向上を図る観点から、外国語科など他教科等との関連を積極的に図り、指導の効果を高めるようにすること」（p.23）という文言がある。また、指導要領解説の中学校国語編には「日本語と外国語とを比較し、それぞれを相対的に捉えることによって、日本語の文の構成についての気付きを促すことも考えられる」（p.78）などの指摘がある。

　さらに、「言語の働き」についても、「［国語科での］指導に当たっては、外国語科における指導との関連を図り、相互に指導の効果を高めることが考えられる」（p.17）とある。また、中学校外国語には「言語活動で扱う題材は、生徒の興味・関心に合ったものとし、国語科や理科、音楽科など、他の教科等で学習したことを活用したり、学校行事で扱う内容と関連付けたりするなどの工夫をすること」（p.136）という記述があり、指導要領解説の中学校外国語編には対応する、より詳しい記述がある（pp. 84-85）。

　これらに共通するのは「ことば（language）」という視点の存在である。日本語（「国語」）を日本語として、英語を英語として個別的に捉えるだけでなく、両者を有機的に関連づけて捉える「ことば」という視点である。これまで長い間、その重要性が指摘されてきながらも、実質的な第一歩を踏み出すことができなかった、国語教育と英語教育の連携に向けた動きの萌芽と受けとめることができる。

　こうした希望とともに、増刷版『ことばの力を育む』を世に送り出したい。

　　　　　　　　　　　　　　　　　　　　　　　　　　　　　大津由紀雄

新学習指導要領からの引用を含む段落については、拙稿「次学習指導要領から見た英語教育の今後の課題」『学術の動向』2017年11月号（公益財団法人日本学術協力財団）、101-103の一部を利用した。

目　次

はじめに……………………………………………………………… 2
増刷にあたって……………………………………………………… 4

Ⅰ. 理論編
1. 「ことばへの気づき」と教育……………………………… 9
2. ことばの教育（言語教育）に関する若干の注釈…… 26
3. 言語教育と外国語教育……………………………………… 29
4. ことばの教育（言語教育）の実践………………………… 31
5. ことばの力を育む教育と小学校英語……………………… 34
6. 最後に………………………………………………………… 47

Ⅱ. 実践編
1. ことばの多様性
（1）世界の言語と日本語 ……………………………… 50
（2）方言と言葉 ………………………………………… 54
（3）方言とアクセント ………………………………… 58
（4）文字の世界 ………………………………………… 62
（5）2種類のローマ字………………………………… 64
（6）漢字の読み方 ……………………………………… 66
（7）数字の言葉 ………………………………………… 72

2. さまざまな言葉
（1）同音異義語 ………………………………………… 78
（2）多義語 ……………………………………………… 82
（3）複合語 ……………………………………………… 88
（4）複合語の語順 ……………………………………… 92
（5）複合語の発音 ……………………………………… 96
（6）短縮語 ………………………………………………102
（7）複合語の短縮 ………………………………………104
（8）混成語 ………………………………………………108
（9）外来語 ………………………………………………112

3. 文の仕組み
- （1）語順 …………………………………… 116
- （2）句 ……………………………………… 120
- （3）文を横並びにする …………………… 124
- （4）文を重ねる …………………………… 128
- （5）あいまい文 …………………………… 132
- （6）文の意味 ……………………………… 136

4. ことばの規則と例外
- （1）倍数の法則 …………………………… 140
- （2）数字の音訓 …………………………… 144
- （3）二桁の数字 …………………………… 146
- （4）日付の読み方 ………………………… 152

5. 言語の個性とことばの特性 ……………… 156

Ⅲ. 資料編
- 1. 言語力の育成方策について …………… 162
- 2. 「ことばの時間」の試み ………………… 177

巻末 [クイズの答え] ………………………… 189

あとがき ………………………………………… 193

──── コラム ────

日本の苗字トップ100	69	文と文章	131
日本語のリズム	76	言語使用の創造性	139
雰囲気は「ふいんき」？	91	忌み言葉	149
日本語の濁音	100	絵本と文庫本	154
言語の本性	119	句と文節	155
チンパンジーの「言語」獲得	127		

[執筆分担]

大津由紀雄 ── はじめに、理論編、実践編（「語順」、「句」、「文を横並びにする」、「文を重ねる」、「文の意味」、「言語の個性とことばの特性」）、あとがき
窪薗　晴夫 ── 上記箇所以外の実践編
齋藤　菊枝 ── 資料編（「「ことばの時間」の試み」）　　　早乙女　民 ── イラスト

本書のWebページ（http://www.keio-up.co.jp/kup/kotoba/）には♪マークの音声ファイルのほか、実際の授業に役立つ児童用プリントなどを掲載しています。読者のみなさんのアクセスをお待ちしています。

I. 理論編

Ⅰ. 理 論 編[1]

　この「理論編」では、それに続く「実践編」の基盤にある考えをできるだけ平明に解説します。

　しかし、この理論編を読む前に、まず実践編をぱらぱらとページをめくりながらご覧になってください。そして、おもしろそうだなと感じたところがあったら、その部分だけ、読んでみてください。

　そして、なんだかよくわからないが、不思議な世界が待ち受けているらしいという予感がしたら、今度は実践編の最初から目を通してみてください。そして、そのあと、この理論編を読んでください。

　「できるだけ平明」であることを心がけましたが、多少理屈っぽい部分もあります。ちょっと面倒だなと思ったら、その部分は読み飛ばしてくださってかまいません。

　そんなやり方で理論編全体を読み終わったら、今度は実践編をもう一度最初から読んでみてください。ベテランの先生なら、そこに提示された素材をどうやって自分なりに料理し、子どもたちに与えたら、子どもたちの目が輝くか、そして、その目の輝きをどうやったら維持できるか、そんなことに思いを馳せることと思います。

　また、まだ経験の浅い先生は、とりあえず、実践編の提示にしたがって、そのまま授業で使ってみてください。

　ところどころに配置したBoxですが、《ちょっと重たいな！》と感じたら、後回しにしてもかまいません。でも、後でもいいですから、必ず読んでください。

---

[1] この理論編には、著者のひとり（大津）がこれまで小学校英語について書いた文献（とくに、大津由紀雄（2007）「小学校で本当に必要なのはことばの教育だ！」『英語教育研究』（Studies in English Language Teaching）No.30、pp.37-49）と重複する部分もあることをあらかじめお断りしておきます。

Ⅰ. 理 論 編

　「理論編」では、まず、私たちの考える「ことばの力を育む」教育について解説します。次に、公立小学校（以下、単に「小学校」と呼ぶ）で必修化される外国語活動の枠内で、「ことばの力を育む」実践を行う方法について、できるだけ具体的に述べます。

1.「ことばへの気づき」と教育

1-1「ことばを知っている」ことと「ことばについて知っている」こと

　教育にとってもっとも重要なことのひとつは、子どもたちから気づきを引き出し、引き出された気づきを創造性につなぐための支援をすることです。いうまでもなく、気づきを引き出すためには引き出される気づきの対象となるものが子どもたちの側に存在していなくてはなりません。この点、ことばはまさに理想的な対象なのです。子どもたちは非常に豊かな言語知識を無意識のうちに身につけているからです。

　日本語の例をひとつあげましょう。次の文をみてください。

（1）男の子が3人立っています。
（2）男の子の前に3人立っています。

　ふたつの文はよく似ています。違うのは「男の子」のあとに「が」がついているか、「の前に」がついているかだけです。でも、ふたつの文に共通する「3人」の意味はまったく違いますね。（1）では3人いるのは男の子ですが、（2）では3人いるのは（男の子の前に立っている）男の子以外のだれかですね。

　こんな例はどうでしょうか。[2]

（3）監督がいないうちに、羽を伸ばした。
（4）監督のいないうちに、羽を伸ばした。

　（3）で「が」が使われているところで、（4）では「の」が使われていますが、意味するところは変わりません。両方とも立派な日本語の文です。この例から考えると、

（5）監督がいないので、羽を伸ばした。

が立派な日本語の文であることから、

（6）監督のいないので、羽を伸ばした。

[2] （3）-（6）は梶田優（1999）「科学としての文法論・意味論」上智大学外国語学部言語学副専攻編『言語研究のすすめ』上智大学外国語学部、pp. 21-32から借用しました。

も立派な日本語の文であるはずだと考えられますが、実際のところは違います。(6)は日本語の文としては不自然です。
　これらのわずかな例からも想像できるように、(普段、気がつくことはまずありませんが)私たちは非常に豊かな言語知識を身につけているのです。この言語知識を「母語」と呼びます。「母語」について詳しくはBox 1を参照してください。
　身につけた言語知識がどのようなものであるのかについては、大方のところ、無意識であるのが普通です。つまり、「言語知識」といっても、どんな内容のものなのか、その中身を問われてもたいていの人には答えられません。
　もうひとつ例を挙げて、説明しましょう。たとえば、(7)を見てください。

　　(7) むかしむかし、あるところにおじいさんと
　　　　おばあさんがおりました。

昔話の冒頭部分ですね。では、(8)を見てください。

　　(8) むかしむかし、あるところにおじいさんと
　　　　おばあさんはおりました。

なんだか変ですね。(7)で「が」が使われているところに、(8)では「は」が使われているというだけの違いなのに、(7)と(8)では日本語としての自然さが大違いです。
　では、どうしてそんな大きな違いがでるのでしょうか？　その違いが「が」と「は」の働き(機能)の違いにあるぐらいのところまではだれでも考えつくのですが、《では、その「「が」と「は」の働き(機能)の違い」とは一体なんだろうか？》と問われてしまうと、たいていの人はお手上げです。
　いま、「たいていの人」と書きましたが、問題の違いを説明できる人もいます。たとえば、日本語について研究している人たち(日本語学者、国語学者、言語学者など)とか、日本語を教えている人たち(日本語教師、国語教師など)です。この人たちは仕事柄、単に「日本語を知っている」だけでなく、「日本語について知っている」のです。たとえば、日本語を母語としない人たちに日本語を教える日本語教師は日本語についてさまざまなことを知っていて、その知識を使って日本語を教えるのです。
　重要なことなので、もう一度繰り返しておきます。私たちは日本語を母語とする人間として、日本語の知識を持っています。そ

I. 理 論 編

の意味で、私たちは「日本語を知っている」といえます。しかし、さきほどみたように、どんな知識を持っているのかと問われると、たいていの人は答えられません。つまり、「日本語について知っている」というわけではないのです。

一方、日本語について研究している人たちは「日本語の知識」とはどのような内容のものであるかを明らかにしようとしますし、日本語を教えている人たちはそこで明らかにされたところをよりどころにして、日本語を教えるのです。この人たちは「たいていの人」とは違って、「日本語について知っている」ことが必要なのです。

Box 1
母語・第二言語・外国語

人間は生まれてから成長する過程でまわりで使われている言語を、短期間に、自然に身につけてしまいます。この言語を「母語」といいます。母語は最初に身につける言語なので、「第一言語」と呼ばれることがあります。

「短期間」とはどのくらいの期間なのでしょうか。この問いに対する最終的な解答はまだ見つかっていませんが、母語の中核的な部分については2年とか、3年とかという程度の比較的短い期間だと多くの研究者は考えています。もっとも、音声にかかわった部分などは、もっとずっと早く身についてしまうということを示す実験結果があります。

「母語」について注意しなくてはならないのは、その規定には「国」とか、「国家」という概念が含まれていないという点です。その意味で、「母語」のことを「母国語」と呼ぶのは適切ではありません。

母語としてではなく身につけた言語を「第二言語」と呼びます。注意しなくてはならないのは、この意味での「第二言語」(「広義の第二言語」)には、「狭義の第二言語」と「外国語」が含まれているという点です。みなさんの多くは英語を学校で習うことによって身につけたはずです。英語を教える先生がいて、一定のカリキュラムにしたがって教室で英語を教授されたのです。このようにして身

につけた言語を「外国語」と呼びます[3]。

外国語は、母語の場合と異なり、それが使われている環境(「母語環境」と呼ばれます)で身につけるわけではありません。ひとたび、教室の外へ出ると、その言語は使われてはいないのが普通です(この環境を「外国語環境」と呼びます)。したがって、外国語と触れる時間は母語に触れる時間にくらべて圧倒的に限られています。

これに対して、「狭義の第二言語」とは、母語を身につけたあとではありますが、母語の場合と同じように、その言語が使われている状況で自然に身につけた言語を指します。たとえば、日本語を母語として身につけた3歳児が家族の仕事の都合でイギリスに移り住み、そこで、英語を自然に身につけるといった場合の英語がそれにあたります。

整理して、図にすると次のようになります。

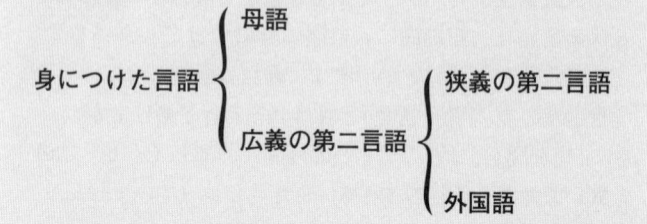

$$
\text{身につけた言語} \begin{cases} \text{母語} \\ \text{広義の第二言語} \begin{cases} \text{狭義の第二言語} \\ \text{外国語} \end{cases} \end{cases}
$$

上の図では明示されていませんが忘れてはならない点として、母語と狭義の第二言語は母語環境で、外国語は外国語環境で身につけるということを覚えておいてください。

言語教育を考えるにあたっては、これらの区別は非常に重要です。母語は「自然に」身につくのが普通です。「自然に」というのは、その仕組みや働きなどについて特別に教えられることなく、という意味です。「無意識的に」と言い換えてもかまいません。もちろん、日本語の場合の漢字とか、英語などの場合のつづりとかは、教えられたり、練習したりして身につくのですが、母語の仕組みや働きそのものは、教えられたりして身につくわけではありません。

それに対して、外国語の場合は大分様子が違います。たいていの場合、学校などでその仕組みや働きについて

---

[3] 「母語」の場合同様、ここでも「外語」と呼ぶべきところなのですが、「外語」は、「神田外語大学」など、ごく限られた場合を除いてほとんど使われることがないので、不本意ながら、「外国語」という名称を用いることにします。

I. 理論編

教えられ、学習を重ねて、身につくのです。読者のみなさんの多くにとって英語は外国語です。英語とはこういう仕組みの言語である、そして、こういう働きをするということを学校で学んだのですから。もうおわかりのように、母語の場合とは異なり、外国語の場合には、自然に身につくということではなく、意識的な学習によって身につくのです[4]。

4 このBoxの内容について、さらに詳しく、かつ平明に書かれたものとして、大津由紀雄(2007)『英語学習 7つの誤解』(生活人新書、NHK出版)があります。

Box 2　バイリンガル

　Box 1の「母語」の定義を思い出してください。生まれてから成長する過程でまわりで使われているのを耳にすることによって自然に身につく言語のことでしたね。日本での場合はたいてい、この言語はひとつ(日本語)ですが、成長過程で触れる言語が複数個あるという場合もあります。たとえば、父親が英語の話者、母親が日本語の話者といった場合には、家庭の中で日本語と英語が飛び交うことになります。このような家庭に生まれた子どもはそのふたつの言語に触れることになります。そして、たいていの場合、その子どもはそのふたつの言語を母語として身につけることになります。このような人を「バイリンガル(bilingual)(＝2言語使用者)」と呼びます。

　成長過程で触れる言語の数はひとつかふたつとは限りません。3つや4つやそれ以上の場合もあり得ます。そのような環境で、複数の言語を身につけた人を「マルチリンガル(multilingual)(＝多言語使用者)」と呼びます。

　「バイリンガル」や「マルチリンガル」という語は、上でみたような場合だけでなく、狭義の第二言語や外国語を身につけ、母語と合わせて、複数の言語を身につけた人に対しても使われることがあります。

　一口にバイリンガルといってもいろいろなタイプがあります。ふたつの言語を(ほとんど)違いなく、使うことができる「均衡バイリンガル」だけでなく、どちらか優勢な言語のある「偏重バイリンガル」もあります。また、ど

の言語もきちんと使えることがない状態に陥ってしまう場合もあり、「セミリンガル」と呼ばれることもあります。ただし、その実態はさほど明確にされているわけではなく、最近は「セミリンガル」という言葉が独り歩きしている印象すらあります。

子どもはことばを身につける力に優れているので複数の言語が使われている環境で育てれば、必ず、バイリンガルやマルチリンガルになるというのは幻想です。この点については、市川力（2004）『英語を子どもに教えるな』中公新書ラクレでは、実例とともに、説得力のある論が展開されています。

Box3
ことば・言語・言葉

「ことば」も、「言語」も同じものだと考えている人も多いことと思います。実際、日常的には、多少かしこまった場合には「言語」、とっつきやすさを考える場合には「ことば」というように使い分けることが普通ではないでしょうか。

でも、理論編では次のように使い分けたいと思います。日本語、英語、スワヒリ語、日本手話といった、一つ一つの、個別の体系を問題にする場合、それを「言語」と呼びます。この点をとくにはっきりさせる必要があると考えられる場合には、「個別言語」と呼びます。

それに対して、個別言語を問題にするのではなく、人間が身につけることができる体系一般を問題にする場合、それを「ことば」と呼びます。つまり、「ことば」というのは抽象的な概念です。

英語では「（個別）言語」は a language（複数個あれば、languages）といいます。つまり、普通名詞扱いです。それに対して、「ことば」はlanguageと冠詞("a")も、複数語尾もつきません。抽象名詞扱いなのです。もし、みなさんがフランス語を学んだことがあるなら、「（個別）言語」は langue、「ことば」は langageと別の単語を使う

> ことをご存じでしょう。
> 　ちなみに、「ことば」は上で述べた意味のほかにも、いろいろな使い方があります。中でも、「(単)語」という意味で使うことはごく普通ですね。この機会に、ほかにもどんな使い方があるのか、少し大きめな辞書などを引いてみるのも一興でしょう。

1-2「ことばへの気づき」とはなにか

　言語知識という、無意識の知識の性質を意識的に探ることを教育の一環として、しかも、単に「一環」というだけでなく、その中核的基盤として、位置づけようというのがこの本の基本的な考えです。

　「ことばへの気づき」は子どもたちの知的好奇心をくすぐるだけでなく、それを利用して、子どもたちがより豊かな言語生活を送ることを可能にするという働きもあります。

　なんだか突拍子もない主張のように聞こえるかもしれませんが、2008年3月に告示された学習指導要領の目玉とされているのが「体験と言語力」で、その基盤にあるのがまさにこの考えなのです。

　実際、小学校英語について検討してきた中央教育審議会外国語部会における審議のまとめ(2006年3月27日)でも、「言語の面白さや豊かさ等に気づかせたり、言語に対する関心を高めこれらを尊重する態度を身に付けさせたりすること」という文言が見られます。

　ただ、外国語部会は、小学生に「日本語とは異なる英語という言語に触れることにより」、それを達成させようと主張します。たしかに、ことばへの気づきを育成するために母語と体系を異にする外国語との触れ合いが有効です。母語と外国語という、共通の基盤(普遍性)を持ちながらも、それぞれに固有の特徴(個別性)を持ったふたつ(以上)の体系の視点から眺めることによって、ことばへの気づきがより豊かなものになりうることは疑いの余地もありません。しかし、そのような状況に至る前に必要な土台作り[5]は直感の利く母語によってなされるのが効果的です。外国語の利用が効果をあげるためには、外国語が母語とは部分的に異なった仕組みであることが理解できなくてはならず、そのためにはまず母語がどのような仕組みであるのかがある程度は理解されていなくてはならないのです。いわば、母語と外国語を比べるための土俵作りということです(この点については第3節でさらに検討します)。

[5]「きっかけづくり」といってもよいでしょう。

小学校英語についての文献や実践報告を読むと、「歌と踊りと日常会話」[6]の世界に子どもたちを閉じ込めていると思われるケースが非常に多いことに気づきます。言語的には定型化された、これらの活動が子どもたちの創造性を育むことは不可能といわないまでも、きわめてむずかしいのです[7]。また、これらの活動によって英語の運用能力がつくと考えるのはあまりに素朴が過ぎます。それとは正反対に、この本で提案している、ことばへの気づきを育むことばの教育（言語教育）はことばの使用の創造性に直結し、結果として、母語と外国語の豊かな運用をも可能にするのです。

人間にとって、ことば[8]、とくに、母語[9]はあまりにも身近な存在ですので、ことば遊びなどを楽しむときなど以外には、意識の対象となる機会はさほど多くはないのが一般的です。その意味で、母語を使うことに関しては特別な訓練は必要ありませんが、それを効果的に使うためには母語の（さらに、一般的には、ことばの）仕組みやその機能（働き）を意識化して捉えることが重要なのです。

たとえば、

（9）太郎君が自転車で逃げた泥棒を追いかけた。

は適格な文ですが、自転車に乗っていたのが太郎であるのか、泥棒であるのかが判然としません。（9）が持つこの性質を「あいまい性」と呼びます。（9）があいまい性を持つことに気づけば、その性質を意図的に利用する（たとえば、ことば遊びの一部に使われるとか）ということでなければ、そのあいまい性を除去する方法を探ることになります。簡便な方法として、

（10）太郎君が自転車で、逃げた泥棒を追いかけた。

とすれば、自転車に乗っていたのは太郎君ということに落ちつきます。また、

（11）太郎君が、自転車で逃げた泥棒を追いかけた。

とすれば、自転車に乗っていたのは泥棒ということになります[10]。

もちろん、「意識化する」といってもさまざまなレベルが考えられます。（9）があいまいであるというレベルに留まる、比較的低次の意識化もあれば、そのあいまい性が生じる原因[11]までをも捉える高次の意識化もあります。ここでは、意識化のレベル分けには立ち入らず、一括して「ことばへの気づき」[12]と呼ぶことにし

---

[6] 大津はこれを「小学校英語の三種の神器」と呼んでいます。「日常会話」というのは決まり文句（定型表現）を意味しています。もちろん、小学校英語の実践の中にはその枠に収まらない優れたものもあることも事実ですが、これまでに公開された文献や実践報告から判断する限り、現実的には「三種の神器」に頼らざるを得ないケースが多いように見受けられます。その理由は想像に難くありません。「三種の神器」であれば、ALT（Assistant Language Teacher、英語を教えるための助手）や、場合によっては、CDなどに任せきること（丸投げ）が可能だからです。

[7] 言語の使用にみられる創造性についてはBox 5を参照してください。

[8] 「ことば」「言語」「言葉」の区別についてはBox 3を参照してください。

[9] 「母語」についてはBox 1を参照してください。

[10] ほかにも、文構造そのものを変えてしまうとか、話しことばであれば音調を利用するなどの方法もあります。

[11] Box 4を参照してください。

[12] 「メタ言語意識（metalinguistic awareness）」と呼ばれることもあります。ことばの教育（言語教育）で利用する意識化のレベルや対象となる言語知識の性質（たとえば、音韻面、統語面、意味面）などは子どもたちの心的発達段階を考慮して決める必要があります。

ます。

　いま挙げた例は話し手や書き手の意図表出の過程における母語の運用についてのものですが、それだけでなく、相手の意図理解の過程における母語の運用についても同じことがいえます。さらに、ことばへの気づきは思考の過程において、思考内容を明晰化させる際にも重要な役割を果たします。昨今話題になることが多い「論理的思考力」の育成にも不可欠の要素です[13]。

　このように、ことばへの気づきは母語の効果的な運用を可能にし、それによって、私たちの言語生活をより豊かで実り多いものにしてくれるのですが、それだけでなく、外国語の学習においてもその成否の鍵を握っています。以下、その理由を説明しましょう。

1-3 ことばへの気づきと外国語学習

　ことばを身につける形態には大きく分けてふたつあります。ひとつは、その個別言語が使われている環境で、その言語に触れていることにより、自然に身につくという形態です[14]。この形態をとる典型が母語の獲得です。母語以外にも、母語獲得が開始されたあと、それ以外の言語が使われている環境で、その言語（「狭義の第二言語」と呼ばれます）を自然に身につける場合もこの形態をとります。このような形態でことばを身につけることを「母語環境における（言語）獲得」と呼びます。

　それに対し、その言語が日常的には使われていない環境で、教室などでの教授により意識的にその言語（「外国語」と呼ぶ）を身につけるという形態をとることもあります。日本における英語学習もその例です。この形態でことばを身につけることを「外国語環境における（言語）学習」と呼びます。

　母語環境における獲得の場合と比べ、外国語環境における学習の場合には、一般的に、獲得／学習の対象となっている言語との接触量が著しく少なく、また、その言語を身につけなければ生活が成り立たなくなるという可能性も低いのが一般的です。少ない接触量という問題を乗り越え、外国語学習を成功させるために不可欠なのが、学習文法です。学習文法とは学習対象言語がどのような仕組みを持ち、どのような働きをすることができるかを学習者に理解させるためのものです[15]。

　学習文法が学習対象言語の仕組みと機能を正しく反映したものでなくてはならないことや学習者が容易に理解できるような提示方法が採られていなくてならないことはもちろんですが、学習者の側にも学習文法を理解できるための素地が築かれていなくてはなりません。「ことばへの気づき」こそがその素地の重要な部分を

[13] わかりやすい参考書として、野矢茂樹（2006）『新版・論理トレーニング』（産業図書）と福澤一吉（2002）『議論のレッスン』（生活人新書、NHK出版）をおすすめします。

[14] 詳しくは、Box 1「母語・第二言語・外国語」を参照してください。言語獲得／学習の問題を考える際には、このふたつの形態をはっきりと区別することが重要ですが、日本での英語教育をめぐる議論においては、その区別がないがしろにされたままであることが少なくありません。

[15] その言語を身につけなければ生活が成り立たなくなるという可能性が低いという問題は動機づけの問題と関連しますが、ここでは立ち入らないことにします。

占めるのです。

たとえば、学習文法においては「句」という概念[16]は不可欠ですが、その概念を理解するためには、文などの言語表現はそれを構成する単語が一列に並んでいるというだけでなく、いくつかの単語が集まって、より大きなまとまりを形成するということがわかっていなくてはなりません[17]。戦前はともかく、戦後の英語教育が誇るべき成果をあげえなかったのは、それに先立っての「ことばへの気づき」の育成が十分でなかったことによるところが大きいのです[18]。

このように考えてくると、どのような形にせよ、小学校英語を導入することによって、英語学習の成果をあげようとしても、それは砂上の楼閣を築くような、意味のないことだということが理解いただけるのではないでしょうか。小学校期に行われるべきことは小学校英語の導入ではなく、ことばへの気づきを育成するためのことばの教育（言語教育）なのです。

急いで付け加えておけば、そもそも小学校英語を主張するのは、英語の運用能力（最近の小学校英語文献では「スキル」と呼ばれることが多い）の養成のためではなく、国際理解教育のためなのであるから、上で述べた議論は無関係だという反論もあるかもしれません。しかし、英語という個別言語を特別扱いすることは、「国際理解」という（きわめてあいまいな）概念をどのように捉えるにせよ、その基盤にあるべき、個別言語と個別文化の相対性（個別言語・個別文化はそれぞれ異なっているが、普遍的基盤の上に築かれる個々の体系はその変異可能性に一定の制約があり、個別言語・個別文化間に優劣の関係はないこと）を理解させることと正反対の方向を向いたものであることをはっきりと認識しておく必要があります。

---

16 念のために書き添えておけば、必要であるといっているのは「概念」であって、「句」という「術語」ではありません。したがって、学習文法において「句」という術語（文法用語）を使わなくてはならないという主張をしているのではありません。なお、「句」という概念については、Box 4を参照してください。

17 ついでに述べておくと、文を理解するということは、その文を構成している単語がどのようにまとまりを形成し、それらのまとまりが互いにどのような関係になっているかを理解することにほかなりません。

18 本文で挙げた「句」は一例に過ぎません。ほかにも、「人称」「主語」「述語」「一致」「時制」「法」などの文法概念やそれらの理解につながる「文法性」「容認可能性」「あいまい性」などについても、「句」の場合と同じことがいえます。

Box 4

句、節、主文、埋め込み文

このBoxでは、文の構造（成り立ち）に関する基本的な事柄を整理することにします。

まず、次の文を見てください。

（1）太郎君が泥棒を追いかけた。

（1）は、次の5つの単語から成り立っています。

　（2）太郎君、が、泥棒、を、追いかけた

　さて、同じ5つの単語を使っても、その並べ方の順序を変えると、意味がすっかり変わってしまいます。たとえば、（3）を見てください。

　（3）泥棒が太郎君を追いかけた。

　泥棒がだれかを追いかけるというのは奇妙ですが、その奇妙さは（3）が文としては問題ない（だから、意味するところが理解できる）ということにほかなりません。
　また、並べ方次第では、文としての形をなさなくなります。たとえば、

　（4）を太郎君追いかけたが泥棒

は文とはいえません。
　文は単語がある一定の順序で並んでできているものだということがわかりました。その「一定の順序」を「語順」と呼びます。
　では、（1）の構造（成り立ち）は次のように考えればよいのでしょうか。

　（5）太郎君―が―泥棒―を―追いかけた

（5）が示しているのは、（1）は（2）の5つの単語が列車のように順に連結されたものだということです。
　ここで、2番目の単語である「が」を考えてみましょう。（5）では、「が」はその前にある「太郎君」とも、「泥棒」とも、同じようにつながっています。でも、みなさんは「が」は「太郎君」とのほうがより結びつきが強いと感じているのではないでしょうか。実際、（1）の意味をほとんど変えずにその形を変えることになっても、「が」と「太郎君」とのつながりは切れません。（6）を見てください。

(6) 泥棒を太郎君が追いかけた。

同じように、「泥棒」と「を」のつながりも密のようです。そう考えると、(1)の成り立ちは(7)のようになっていると考える方が自然です。

(7) 太郎君 ― が ― 泥棒 ― を ― 追いかけた

つまり、「太郎君」と「が」、「泥棒」と「を」は「まとまり」を作っているのです。このようなまとまりを「句」と呼びます。

《あ、それなら、学校で習った「文節」のことだ》と思われたかたもいるでしょう。文の途中に「ね」などを挟むことができる場所とそうでない場所があります。たとえば、(1)だったら、(8)や(9)のようには言えますが、(10)や(11)のようには言えません。

(8) 太郎君がね、泥棒を追いかけた(んだってさ)。
(9) 太郎君が泥棒をね、追いかけた(んだってさ)。
(10) 太郎君ねが、泥棒を追いかけた(んだってさ)。
(11) 太郎君が泥棒ねを、追いかけた(んだってさ)。

(8)や(9)のように文の途中で「ね」を挟むことができるところが、文節の切れ目になります。(7)が示すまとまりはまさにこの文節のことです。

しかし、「文節」という考え方では文の成り立ちを正しく捉えられない場合もあります。たとえば、(12)を見てください。

(12) 太郎君が2人の泥棒を追いかけた。

こんどはどこに「ね」を挟むことができるでしょう。

(13) 太郎君がね、2人の泥棒を追いかけた(んだってさ)。
(14) 太郎君が2人のね、泥棒を追いかけた(んだってさ)。
(15) 太郎君が2人の泥棒をね、追いかけた(んだってさ)。

Ⅰ. 理論編

の3カ所ですね。そのことから判断すると、(11)の文節は次のようになっていると考えられます。

(16) 太郎君 — が — 2人 — の — 泥棒 — を — 追いかけた

しかし、みなさんは直感的に(16)を《おかしい！》と感じ取ったのではないでしょうか。(7)でみた「まとまり」という考え方からすると、(12)の構造はむしろ(17)のようになっていると考えるほうが自然です。

(17) 太郎君 — が — 2人の — 泥棒 — を — 追いかけた

(本当は、2人の を 2人 と の に分けて表示したほうがよいのですが、煩雑になりすぎるのでしていません。)

(17)からわかるように、「まとまり」というのは次々と重なっていくのです。「文節」という考え方ではその点が正しく捉えられないという問題点があるのです。

「まとまり」ということ、また、そのまとまりが重ねられるということをこれまでの表示の仕方よりもっと直感的に表す方法があります。たとえば、図1を次のように示す方法です。

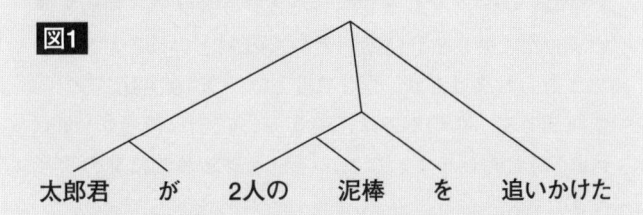

図1

太郎君　が　2人の　泥棒　を　追いかけた

このように、文(そして、文だけでなく、あらゆる言語表現)は単語の並び方(語順)とまとまりを基本としてできあがっているのです。上の図は木を逆さまにした(つまり、根が一番上にあり、そこから幹や枝葉が伸びている)ような形に見えるので、「樹形図(ツリー)」と呼ばれています。しかし、同じ図はまとまりの山を重ねたようにも見えるので、この本では「山(を重ねる)」と呼ぶこ

とにします。

　小さな山が重なってできる大きな山が文です。ですから、文の成り立ち（構造）を考えるときには、それがどのような小さな山から成り立っているのかということと、その小さな山がどのように重なって文という大きな山を作っているのかを見極めることです。

　人間が使うことばの大きな特徴のひとつは文も重ねることができるという点です。つまり、文の中に別の文を埋め込むことができるということです。図で書くと次のようになります。

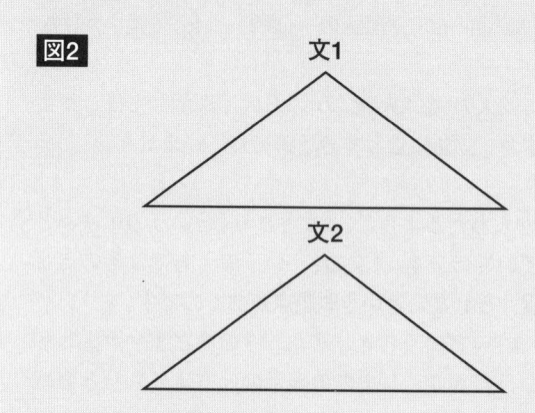

図2

文1

文2

　図2の三角形は文を表しています。図1のように文の内部がどのような成り立ちになっているかはここでは問題ではないので、それを省略したという意味で三角形を使いました。英文法で「主節」と「従属節」ということを習ったかもしれませんが、図2で言えば、文1が主節、文2が従属節です。この本では、前者を「主文」、後者を「埋め込み文」と呼びます。なお、「節」とは本質的に文のことです。

　主文と埋め込み文について、具体的な例を挙げて、考えてみましょう。

　(18) 太郎君が逃げた泥棒を追いかけた。

　(18)はほとんど(1)と同じですが、「逃げた」という部分だけが付け加えられています。「逃げた」は「泥棒」を説明する（「修飾する」）ためのものです。つまり、(18)で

は、「太郎君が泥棒を追いかけた」(＝1) という主文に、「逃げた」という埋め込み文が「泥棒」の前に付け加えられているのです。

その構造を図示すると、次のようになります。

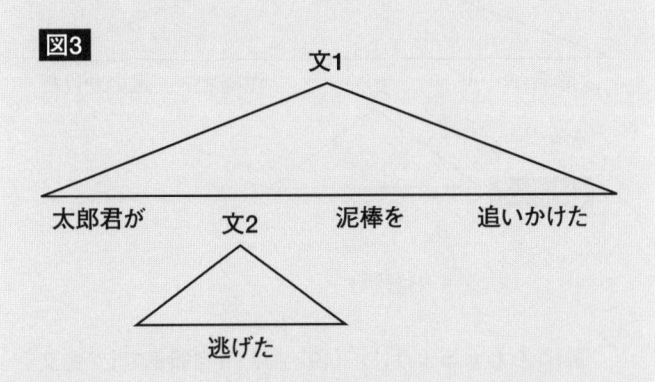

図3

```
              文1
        ／          ＼
   太郎君が    文2    泥棒を    追いかけた
              △
            逃げた
```

さて、今度は(19)を見てください。

(19) 太郎君が自転車で逃げた泥棒を追いかけた。

(19)はほとんど(18)と同じですが、「逃げた」の前に「自転車で」という部分が付け加えられています。(19)を見て、何か気がつきませんでしたか。

そうです。(19)は2とおりの解釈を持ちうるのです。

(20) a. 自転車に乗っているのは太郎君（A解釈）
　　　b. 自転車に乗っているのは泥棒（B解釈）

このようにひとつの文がふたつ（以上）の解釈（意味）を持つことを（その文の）「あいまい性」、そして、文自体を「あいまい文」と呼びます。

どうして(19)は(20)にあげたふたつの解釈を持ちうるのでしょうか。おわかりのかたもいるでしょうね。解説します。図3をもう一度見てください。(18)はこの図のように文が重なってできたものでしたね。(19)はその(18)の「逃げた」の前に「自転車で」という表現が加えられたものです。図3を参照しながら、(19)の構造を考えてみてください。

こんな具合になりますね。

図4

```
                    文1
         ┌───────────┴───────────┐
    太郎君が      文2        泥棒を    追いかけた
    （A解釈）  ┌───┴───┐
          自転車で  逃げた
                  （B解釈）
```

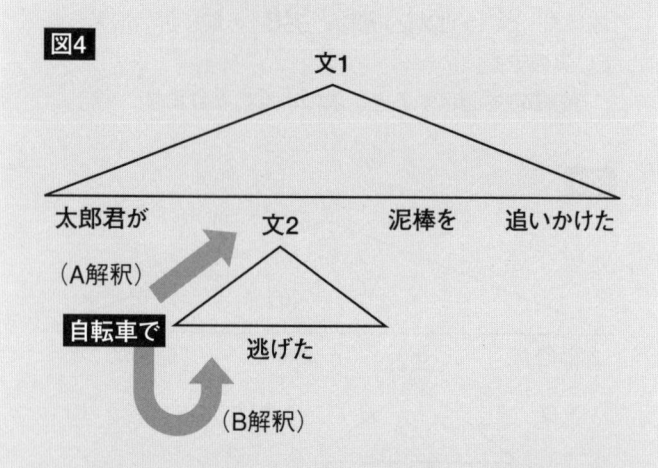

　図4からわかるように、(19)では、「自転車で」が主文から埋め込み文へ移るちょうど境目に来ているのです。ですから、それを主文の一部と捉えること（そうするとA解釈が得られます）もできますし、埋め込み文の一部と捉えること（そうするとB解釈が得られます）もできます。
　さて、話したり、書いたりするとき、ことば遊びなどで意図的にそうするときを除くと、できるだけ、文の意味は意図しているひとつの解釈に限定されていることが望ましいですね。(19)については、

　　(21) 太郎君が自転車で、逃げた泥棒を追いかけた。

のように読点を打てばA解釈に限定されます。また、

　　(22) 太郎君が、自転車で逃げた泥棒を追いかけた。

のように読点を打てばB解釈に限定されます。それぞれの理由は図4を考えれば、すぐにわかりますね。
　さらに、

　　(23) 逃げた泥棒を太郎君が自転車で追いかけた。

のようにしても、A解釈に限定されます。その理由も(23)の構造を考えるとすぐわかります。

図5

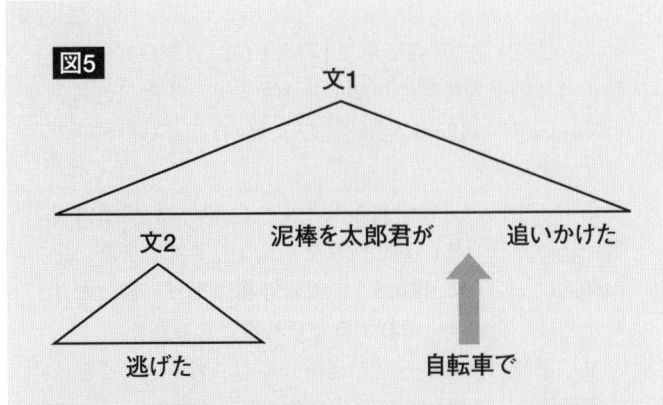

```
        文1
       /  \
      /    \
   文2   泥棒を太郎君が   追いかけた
   /\              ↑
  /  \          自転車で
 逃げた
```

　(23)の構造は、図5のようになりますから、「自転車で」を入れる場所は主文しかありません。逆に言えば、この語順では、「自転車で」を埋め込み文の中に入れる方法がないのです。したがって、自転車に乗っていたのは太郎君だということ（A解釈）になります。

　そして、(24)のようにすると、今度はほぼB解釈に限定されます。

　(24) 自転車で逃げた泥棒を太郎君が追いかけた。

　(24)の構造を考えましょう。

図5

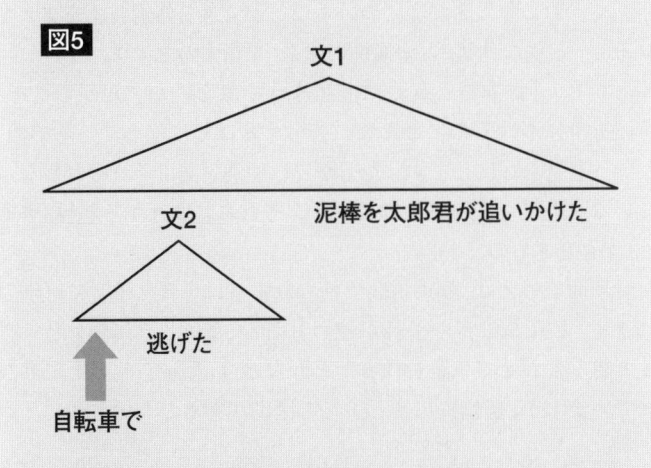

```
              文1
            /    \
           /      \
         文2   泥棒を太郎君が追いかけた
         /\
        /  \
       逃げた
        ↑
     自転車で
```

　この構造では「自転車で」は埋め込み文の中に入れるのが自然です。そうすると、自転車に乗っていたのは泥棒ということ（B解釈）になります。しかし、(24)は自転車に乗っていたのが太郎君である可能性もゼロではありま

せん。読むときに「自転車で」のあとに、長めのポーズを置くと太郎君の可能性が出てきます。そうすることによって、図5で「自転車で」を主文につけることも不可能ではないからです。

このように、文の構造を考えると、あいまい性を含まない、わかりやすい文を作りやすくなります。また、文の構造についての知識は、だれかが言ったり、書いたりしたところを的確に理解する上でも役に立ちます。

文の構造について一定の理解をもっておくと、ことばを運用する上で役に立つことが多いのです。

2. ことばの教育（言語教育）に関する若干の注釈

本節では、ことばの教育（言語教育）についての誤解や混乱について検討します。

まず、「ことばの教育」というときの「ことば」について考えましょう。「ことば」といっても、「英語や日本語のことなのではないか」と思っている向きも多いのではないでしょうか。たしかに、英語や日本語は「ことば」の具体例（「個別言語」）ですが、「ことば」というのは、英語や、日本語や、中国語や、スワヒリ語や、日本手話や、およそ人間が身につけることができる個別言語を支えている、一般的な仕組み（普遍性の体系）を指すのです[19]。

しかし、「日本語と英語は全然違うではないか。だからこそ、英語を身につけるのにこんなに苦労するはめに陥っているのだ」という意見も耳にします。たしかに、個別言語はそれぞれ異なっている（個別性、多様性）のですが、それらに共通する基盤（普遍性）が存在するのです。

音声面でいえば、個別言語で使われる音は母音と子音に区別されます。どんな母音や子音が使われるか、また、それらをどうやって組み合わせて単語を作るかとかなどは、個別言語ごとに異なっていますが、基盤に母音と子音の区別があることは共通しています。

文の成り立ちについても同様のことがいえます。いくつかの単語は一緒になって「まとまり」[20]を作ります。そして、そのまとまりは他の単語と一緒になって、より大きなまとまりを作ります。つまり、まとまりの重なりができるのです。まとまりの重なり、それが文の正体で、それはどの個別言語にも共通しています。違

---

[19] Box 3を参照してください。ことばの教育（言語教育）が、「生成文法」と呼ばれる言語理論と同様に、ことばの普遍性と個別性（多様性）に注目することと筆者のひとり（大津）が生成文法の研究者であることから、ことばの教育（言語教育）は生成文法と表裏一体を成すものであると論じられることがあります。ことばの教育（言語教育）の考えが言語理論研究の成果に負うところが大であることは間違いありませんが、生成文法という特定の言語理論に依拠したものであるというのは正しくありません。実際、現代の言語理論でことばの普遍性を認めないものはないといって差し支えないのです。この点については、注29もあわせて参照してください。

[20] 前節で述べた「句」がそれにあたります。

うのはその重ね方だけなのです。このような、個別言語に共通した仕組みを「ことば」と呼ぶのです[21]。

「そうであるなら、ことばへの気づきを育成する授業はまるで言語学の講義ではないか」という懸念があるかもしれません。答えは否です。言語学でも、研究の過程で、ことばへの気づきを利用しますが、その気づきによって得られた情報を使って明示的で、体系的な理論を構築することを目指します。ことばの教育（言語教育）では明示的で、体系的な理論の構築は目指しません。あくまで、ことばの性質を利用して、子どもたちの好奇心を刺激し、ことばへの気づきを育成しようとするのです。言語学とことばの教育（言語教育）はその目的と目標が明確に異なるのです。

[21] Box 4や注19も参照してください。

Box 5　言語使用の創造性

私たちが普段ことばを使うとき、記憶している文のリストがあって、それにしたがって話したり、理解したりしているわけではありません。事実、たったいま、みなさんがお読みになった文（「私たちが普段ことばを使うとき、なにか一定の型のようなものがあって、それにしたがって話したり、理解したりしているわけではありません」）をこれまで見たり聞いたりしたことのあるかたはいないでしょう。私たちが使う言語表現は、限られた決まり文句を除けば、状況に応じて、新たに作り出されるものなのです。また、聞き手はそうして新たに作り出された言語表現を特段苦労することもなく、理解することができます。

「新たに作り出す」といっても、何らかの「型（パタン）」があるのではないかと思っているかたも多いと思います。しかし、ことばは「型」で捉えられるほど単純なものではないのです。

そこで、前節の冒頭でみた例をもう一度復習しておきましょう。

（1）監督がいないうちに、羽を伸ばした。

という代わりに、

(2) 監督のいないうちに、羽を伸ばした。

ということもできます。つまり、「が」を「の」と変えても、文としては大差ありません。しかし、

　(3) 監督がいないので、羽を伸ばした。

を(4)のようにすると、おかしな日本語になってしまいます。

　(4) 監督のいないので、羽を伸ばした。

　(1)を(2)に変えたのと同じように、(3)を(4)に変えたのですが、今度は不自然な日本語になってしまいました[22]。英語でも同じような現象がみられます。たとえば、

　(5) John is reading a book.

は、「ジョンは本を読んでいる」という意味の文ですが、なにを読んでいるのかを特定せず、「ジョンは読書している」という意味で、

　(6) John is reading.

ということができます。(5)の動詞 is reading の目的語 a book を削除したのです。同様にして、(7)を(8)のように変えることもできます。

　(7) John is eating an apple.
　(8) John is eating.

(7)は「ジョンはリンゴを食べている」という意味ですし、(8)は「ジョンはなにかを食べている」という意味です。
　ここで、(9)を考えてみましょう。

　(9) John is growing potatoes.

この文は、「ジョンはいもを栽培している」という意味で

[22] この例の出典は注2を参照してください。

すが、この場合、動詞 is growing の目的語 potatoes を削除すると、

(10) John is growing.

となります。この文も文法的ですが、意味は (9) とまったく違ってしまいます（どんな意味になるかは右の欄外をみてください）。

こうした例はどの言語にも見られます。つまり、文は「型」で捉えることができるような単純なものではないのです。そうではなく、Box 4 で見たような立体的な構造をその基盤に持っているのです。「ことばを使う」ということは、その立体的な構造を使って、自分の思いを表現し、また、話し手の意図を理解するという、創造的な行為なのです。言語使用が持つ、この性質を「言語使用の創造性」と呼びます。

言語教育のあり方を考えるとき、言語使用の創造性を念頭に置いておくことが重要です。

【左の本文中の答】
John is growing. は「ジョンは成長しています」という意味になります。「ジョンはなにかを栽培しています」という意味にはなりません。

3. 言語教育と外国語教育

ことばへの気づきに関連してよく指摘されるのは、母語に加えて、外国語という母語とは異なった視点が得られたときに発達しやすいという点です。たしかに、そのとおりなのですが、忘れてはならない重要な点があります。それはことばへの気づきを育成するためのきっかけづくり（基盤づくり）です。

母語と共通の基盤に立ちながらも異なった体系を持つ外国語という視点を導入したときに、その体系が母語とどう違っているのかを見極めるための道具がそろっていなくてはなりません。そうでないと、《日本語とは違ってる！》という一言で、すべてが終わってしまうからです。どういう点に注目し、違いをどう捉えたらよいかを判断するためには、すでに、ある程度、ことばへの気づきというものが育成されていなくてはならないのです。これを「ことばへの気づきを育成するためのきっかけづくり[23]」と呼びます。

きっかけづくりをするときに、理想的な対象が母語です。母語は（外国語と異なり）直感がききます。母語の言語表現なら、その自然さを判断できます。それを道具に、言語表現のあいまい性や

[23] 英語では、bootstrapping といいます。

同義性などへの気づきを育成し、さらには語や文の成り立ちにまで気づきを及ぼさせることができます。

　母語によるきっかけづくりによって育成されたことばへの気づきは、今度はそれを使って、外国語の学習を容易にします。前述したように、外国語環境での学習という形態をとる日本の学校英語教育がこれまであまり成果をあげることができなかった一番の原因はこの点の認識が欠けていたからなのです。

　ことばへの気づきがまったく育成されていない状態で、外国語としての英語の学習が始まる。その状態では、「歌と踊りと日常会話」(注6参照) 程度のことであれば問題ないかもしれませんが、きちんとした運用の基盤となる力をつけることはとてもむずかしいのです。

　英語を学びはじめると、「主語」「動詞」「目的語」「単数」「複数」「一人称」「二人称」「三人称」などと矢継ぎ早に文法用語が出てきます。この文法用語の使用は悪者扱いされることが多いのですが、仮にそうであったとしても、文法概念の導入は避けることができません。それが身につかなければ、英文を組み立てることができないからです。しかし、そうした文法概念を理解するのに必要な力＝ことばへの気づきが十分に育っていない。そこにこれまでの英語教育にとって決定的な問題が潜んでいたのです。

　そうした劣悪な状況下でも、英語が使えるようになった人たちもいます。その人たちは一体どうやっていま指摘した問題を乗り越えたのでしょうか。おそらく、答えは3つあると思います。一つは、中学校へ入学する前に引っ越しなどをして、自分の母方言とは異なった方言に触れ、それがことばへの気づきが育つきっかけとなった可能性です。

　2番目の可能性は、学齢期前の家庭における読み聞かせなど家庭環境や自分自身の資質のなかに、ことばへの気づきの芽ばえにつながるものがあったというものです。

　最後の可能性は、英語を学ぶことになってから、外国語という母語とは異なった言語に触れ、それがことばへの気づきが育つきっかけとなった可能性です。ことに、以前は、英文解釈や英作文で、かなり入り組んだ英文と和文と格闘しなくてはなりませんでした。英文解釈ではこの英文の構造はどうなっているのかを分析的に考えなくてはならなかったし、英作文ではまず問題の和文の構造はどうなっているかをやはり分析的に捉えなくてはなりませんでした。

　よく引き合いに出される、文豪ゲーテの

Wer fremde Sprachen nicht kennt, weiss nichts von seiner eigenen.
「外国語が分からない者は、母語を知らない者だ」[24]

ということばは外国語の学習がことばへの気づきを媒介にして母語について知ることを促進する効果をもたらすことを述べたものと理解できます。

しかし、「オーラル・コミュニケーション」というものが強調されるようになってから、教室で取り上げられる英文や和文は比較的構造の単純なものに限定されるようになってしまいました。加えて、語彙も（構造の面でも、意味の面でも）単純なものが大部分を占めるようになってしまいました。結果として、ことばへの気づきを育成するということが機能しなくなってしまったのです。

最初（他方言との触れ合い）と2番目（家庭環境など）の可能性はすべての子どもに当てはまるわけではありません。また、最後の可能性（英語の学習）も上で述べたように、現在の学校英語教育では以前のような効果を期待することはできません。加えて、上で論じたように、外国語である英語に触れる前に母語によるきっかけづくりが行われていることが望ましいのです。

そこで、さらに重要度を増してくるのが、小学校段階でのことばの教育なのです。もちろん、ことばの教育は小学校だけで終わってよいというものではありませんが、ことばへの気づきへのきっかけづくりとして小学校段階でのことばの教育はきわめて重要な意味を持っているのです。

4. ことばの教育（言語教育）の実践

ことばの教育（言語教育）の実践について、ここでは、2007年2月に筑波大学附属小学校と大阪府寝屋川市立明和小学校の児童たち（それぞれ3年生と4年生）を対象に行った公開の提案授業で取り上げた教材と授業の進め方の一部について簡単に述べることにしましょう。

これらの提案授業で取り上げたのは語順と句の問題です。まず、（提案授業の頃、話題となっていた）

(12) ハンカチ王子

という複合名詞を取り上げました[25]。この語は「ハンカチ」と「王子」というふたつの名詞から構成されていますが、そのふたつの

---

[24] ゲーテのこのことばの検索と和訳については三森ゆりかさんに力を貸していただきました。

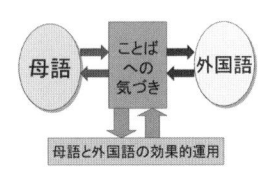

ことばへの気づきと言語教育

[25] 2006年夏の高校野球の優勝投手であり、端正な顔立ちの早稲田実業高等学校の斎藤佑樹投手（2008年現在、早稲田大学）が甲子園のマウンドで汗をぬぐうために青いハンカチを使ったことから、斎藤投手につけられたニックネームです。

名詞の語順を入れ替えてみます。すると、

(13) 王子ハンカチ

という、子どもたちにも初耳の、新たな複合名詞ができます。そこで、子どもたちに(13)がどのような意味を持ちうるかをたずねてみました。すると、「王子様が描いてあるハンカチ」、「王子様が持っているハンカチ」、「王子様が中に隠れているハンカチ」など、いろいろな反応が得られました。

次に、もう一度(12)に戻り、「ハンカチで汗をぬぐう王子様」のほかにも、それが持ちうる意味はないかと考えさせてみました。結果として、「ハンカチをたくさん持っている王子様」、「ハンカチが大好きな王子様」、「ハンカチでできている王子様」など、さまざまな答が飛び出しました。

それらを整理して板書し、なにか気づくことはないかとたずねてみました。反応はすばやく、(12)はハンカチと関係のある王子様で、(13)は王子様と関係のあるハンカチであるという指摘が得られました。複合名詞を形成するふたつの名詞のうち、2番目のものが意味的に複合名詞の中核を成すことの発見(「気づき」)です。

《そんなことはごく当たり前のことで、理屈を考えなくても直感的に理解できる。それを仰々しくとりあげる理由が理解できない》という意見を述べた参観者もいました。しかし、ここで大切なことは、なぜ子どもたちは(そして、おとなたちも)(12)と(13)の意味の違いを「直感的に」捉えることができたのだろうかという問いなのです。(13)は子どもたちがこの提案授業ではじめて耳にする表現であり、それが何を意味するかを教えられていたからその意味を捉えることができたわけではありません。子どもたち自身で気づいたことなのです。しかも、子どもたちが「直感的に」捉えた(12)と(13)の意味の違いは全員に共通していました。ばらつぎがないのです。それはなぜでしょうか？　それは(12)と(13)の違いをもたらす仕組み(言語知識)が子どもたちのなかに形成されているからです。その仕組みは子どもたちの間でばらつきがありません。しかし、その仕組みがどのようなものであるかについては意識されることはまずありません。ことばの教育(言語教育)はその仕組みに対する気づきを育成するものであり、その重要な第一歩は子どもたち自身にじぶんはこんなことまで知っているのだという驚きを体験させることなのです。

提案授業に話を戻しましょう。いま述べた気づきをはずみとして、子どもたちに(12)と(13)の意味の違いを考えさせ、それを絵に描

かせてみました。そして、どれも「複合名詞を形成するふたつの名詞のうち、2番目のものが意味的に複合名詞の中核を成す」ことを裏付けるものであることを子どもたちとともに確認しました。

　これらの気づきは教授者である筆者に誘発されたものでしたが、子どもたちによる自発的な気づきも観察されました。それは(12)と(13)では「ハンカチ」のアクセントが異なるという発見です。もちろん、子どもたちは「アクセント」という術語は知りません。音の「高低」という術語も知りません。しかし、彼らは「言い方が違う」という形で、「ハンカチ」のアクセントの違いに気づいたのです。

　(14)　ハンカチオ｜ウジ
　(15)　オウジハ｜ンカチ

　提案授業に先立つ非公開の授業では、なぜアクセントの変化が起きるのかについても子どもたちの気づきを引き出すこともできました[26]。

　語順の問題にある程度慣れたところで、今度は、

　　(16)　こわい　目の　(　　　)

と板書し、(　　)の中に入ることばを考えさせてみました[27]。子どもたちは「犬」、「宇宙人」、「先生」などを挙げました。一段落したところで、「こんなのはどうかな？」と言って、「病気」を(　　)の中に入れてみました。一呼吸して、「ああー」という声が上がりました[28]。

　「みんなが考えたのと先生が考えたのはどこが違うかな？」とたずねると、「「こわい目の犬」では「こわい目」のあとに点を打つけど、「こわい目の病気」では「こわい」のあとに点を打つ」という反応が返ってきました。子どもたちはそれをきっかけに、「こわい目の犬」などでは「こわい」と「目」がまとまり(句)を作り、それに「犬」が加わって、全体のまとまりを作るが、「こわい目の病気」では「目」と「病気」がまとまりを作り、それに「こわい」が添えられて、全体のまとまりを作るということに気づきました。

　さらに、まとまり(句)を「山」と呼んで図示し、山の上に山を重ねて、さらに大きなまとまり、つまり、山を作ることができることを示しました[29]。

　　　こわい　目の　犬　　　　こわい　目の　病気

---

26 英語活動の必修化という文脈で英語を取り上げなくてはならない場合は、ここで英語や他の個別言語の例を出すこともできます。実際、ここで紹介している提案授業ではそうした試みも行いました。ただし、英語を特別視する考えに結びつかないように、英語も他の個別言語と同じ普遍的な仕組みの上に築かれた体系であることを理解させるようにすることが大切です。

27 (16)は窪薗晴夫(2005)「音韻論」(中島平三(編)『言語の事典』朝倉書店)から借用しました。

28 この「ああー」を導けたかどうかが、授業の成否を判断する重要な鍵なのです。なぜなら、それがことばへの気づきを外的に知るための最初の手がかりだからです。

29 提案授業のこの部分について耳にした、ある英語教育関係者は「大津は生成文法を小学生に教えようとした」と書きました(あまりにも稚拙な誤解なので、ご本人の名誉のためにその方のお名前と文献名は伏します)。「山」は言語表現の「まとまり」を示したもので、ことばが持つ重要な特性のひとつを表したものです。生成文法もそのまとまりを重要視しますが、まとまりを教えることと生成文法を教えることはまったく別のことです。

その上で、(16)のように3つの言葉からできている表現でどちらの山にも解釈することができる例を考えさせてみました。その結果、

(17) やさしい　　ひろせんの　　心[30]
(18) 大きらいな　　給食の　　牛乳
(19) やさしい　　顔の　　描き方

などの秀作がたくさん集まりました。中でも(19)は「やさしい」が「温和な」という意味の言葉と「容易な」という意味の言葉のいずれにもとれることを利用した優れた作品です。

　これらの提案授業は小学校での教育実践という点では素人である筆者が行ったものですから、教材の提示の仕方、子どもたちとのやりとりの仕方、授業時間内における子どもたちの関心のひきつけ方などの点では決して及第点がとれたわけではありません。大切なことは、授業をとおして、子どもたちに自分たちが持っている言語知識の豊かさに気づくきっかけを与えることができたという点なのです。ことに、最初は教授者に誘発された気づきであったものが、自発的な気づきへと発展していったことはきわめて注目に値します。

　なお、ほぼ同じ素材を使っても、プロが料理すると、その味わいがまったく異なってきます。「資料編2」に収録した「ことばの時間」は埼玉県立蕨高等学校教頭の齋藤菊枝さん（2007・2008年度に教頭研修で大津研究室に在籍、慶應義塾大学訪問講師）が作った指導案です。

5. ことばの力を育む教育と小学校英語

　この理論編は、ことばの力を育む教育について、その理論的基盤を解説することを目的としたものですが、その発想は小学校英語をめぐる是非論の中から生まれてきたものです（この点については、ちょっと長めの「あとがき」を参照してください）。そこで、この節では、小学校英語に対するさまざまな考え方を整理して提示し、ことばの力を育む教育との関連を明確にしたいと思います。

　そこでまず、小学校英語に関して、知っておかなくてはならないことを整理しておきましょう。

5-1 小学校英語に対するさまざまな立場

　小学校英語に関する議論となると、《賛成派（あるいは、推進

---

[30] 「ひろせん」とはある提案授業での対象学級の担任の先生のニックネームです。

派)対反対派(あるいは、慎重派)の対立》という図式的な枠組み が想定される場合がほとんどです。しかし、こうした図式にとらわれていてはことの本質を理解することはできません。

　ここでは、《賛成派 対 反対派》という対立図式によることなく小学校英語に対するさまざまな考え方を整理して、そこから何を学び取るべきかを考えてみようと思います。もちろん、以下の整理とて、多分に図式的な部分を含むので、それで小学校英語に対するさまざまな考え方のすべてを過不足なく捉えることができるというものではありません。しかし、たとえ大雑把な整理であっても、本質的な理解への第一歩としての価値は十分にあると思います。

> **立場1**　小学校英語は英語の運用能力の育成(「スキルの育成」)に直接的につながるべきことを目指すべきものである。
>
> **立場2**　小学校英語は(間接的につながることはあっても)直接的に英語の運用能力の育成につながることを目指すべきものではない。
>
> **立場2-1**　小学校英語は国際理解教育の一環として行われるべきものである。
>
> **立場2-2**　小学校英語はコミュニケーションに対する積極的姿勢を育成することを目指すべきものである。
>
> **立場2-3**　小学校英語は学習者のモデルとしての教師と子どもたちの相互の働きかけ(インターアクション)による、新たな教室文化の創生を目指すべきものである。
>
> **立場3**　小学校英語はそれ自体としては必要性がなく、子どもたちにとって益するところがないばかりか、害すら与えうる。

　従来の《賛成派 対 反対派》という対立図式を採用すると、根本的境界は立場1・2(賛成派)と立場3(反対派)の間にあることになります。実際、そのような位置づけで紙(誌)面構成された特集記事もたくさんあります。

　しかし、すぐに明らかになるように、立場2-3は、少なくとも

立場1よりは立場3に共通する部分が多く、もっといえば、単に量の問題としてだけでなく、質的にも両者は同質であると考えたほうが自然です。また、立場2に属する他の立場（立場2-1、2-2）も立場3と共通する部分があり、その意味では、根本的境界は立場1対立場2・3としたほうが実態に近いといえます。

　以下、それぞれの立場について解説しておきましょう。

立場1　小学校英語は英語のスキルの育成（運用能力の育成）に直接的につながるべきことをめざすべきものである。

　公立小学校での英語教育／活動が話題になるずっと以前から多くの私立小学校では英語教育が行われていました。また、「早期英語教育」や「児童英語」といった名のもとで、学齢期前や小学校段階での英語教育の必要性が論じられることも決してまれなことではありませんでした。実際、学齢期前の子どもや小学生を対象とした英語学校、英会話学校や英語教材の数はおびただしい数にのぼり、矢野経済研究所が2007年7月5日に発表した「語学ビジネス市場に関する調査結果2007」によると、「早期英語教育に対する熱が高まっている。少子化にも関わらず市場は拡大方向へ。06年度市場規模は971億円」といいます。

　このような機運の高まりの背景には「英語学習の開始時期は早ければ早いほど望ましい」という考えがあります。そして、その考えの基盤には、母語や狭義の第二言語を獲得する場合には生後のある一定期間（たとえば、生まれてから思春期前の期間）に獲得対象の言語に触れないと、その獲得が著しく困難になるか、不可能になってしまうという仮説（臨界期仮説、あるいは、感受期仮説）があります。

　しかし、日本における英語学習のような外国語学習は母語や狭義の第二言語の獲得とさまざまな点で異なっており、外国語学習の場合にも「早ければ早いほどよい」ということが言えるのかどうかは改めて検討すべき問題です。これらの点について詳しくは、拙著『英語学習 7つの誤解』（2007年、生活人新書、NHK出版）を参照していただきたいと思います。

　ここで忘れてはならない重要なことは、従来行われていた中学校からの英語学習開始によっても（度合いの差こそあれ）英語を身につけることに成功した人が数多くいるという紛れもない事実です。

立場2　小学校英語は（間接的につながることはあっても）直接的に英語の運用能力の育成につながることをめざすべきものではない。

立場 2-1 小学校英語は国際理解教育の一環として行われるべきものである。

「国際理解」というのが何を意味するものなのか、不明な点が多いのですが、「国際理解」をどのように捉えるにせよ、次の認識がその基盤になくてはならないことは間違いありません。

多様な個別文化は共通の基盤（普遍性）の上に築かれたものであり、その意味で同質のものである。したがって、個別文化間に優劣は存在しない。文化の一側面としてのことばも同様で、個別言語間に優劣は存在しない。

たしかに、英語を使うことができると、そうでない場合と比べて、より多くの人々とのやりとりが可能になることは事実ですが、それは英語そのものが他の個別言語よりも優れているからではありません。経済的・政治的・軍事的理由によって、たまたまそのような事態が生み出されているだけなのです。この点をしっかりと認識する機会がないまま、ただ、《英語が使えると便利だから》という理由で、英語だけを特別扱いして、学校教育の中に組み込んでいくやり方には疑問を抱かざるをえません。

このような危惧に対して、《それは考えすぎだ》という反論をよく耳にしますが、そうでしょうか。英語を特別扱いすることに端を発して、英語を使える人々を特別扱いすることになっていないでしょうか。英語狂想曲と呼ぶにふさわしい日本社会の現状はまさにこの状況を呈しているとしか思えません。英語を特別扱いすることは上に記した、「国際理解」の基盤にあるべき認識とは正反対の方向を向いたものです。

念のために書き加えておきますが、筆者らは英語学習が必要ないと言っているのではありません。本来なら、どの言語を母語にする人にも公平になるような、国際的なやりとりのための手段が存在すればよいのですが、それが存在しない以上、いずれかの個別言語を使うほかはなくなります。そのとき、経済的・政治的・軍事的要因が大きな力になることは避けがたく、その意味で、英語が選ばれるのは仕方のないことです。國弘正雄氏の名言を借りれば、英語は「必要悪」なのです。この「必要悪」の認識があるのとないのとでは「国際理解」に対する考えも大きく違ってきます。

立場 2-2 小学校英語はコミュニケーションに対する積極的姿勢を育成することを目指すべきものである。

小学校期の子どもたちは、思春期の子どもたちに比べて、羞恥

心も少なく、仮に間違ってもくじけることなく、何度でも立ち向かってくるという点で、小学校期は外国語学習の開始時期として適しているという主張もあります。しかし、「思春期の子どもたちに比べて、羞恥心も少なく、仮に間違ってもくじけることなく、何度でも立ち向かってくる」という特質を生かす方法は外国語学習に限りません。ここで主張することばへの気づきや論理的思考力の育成などを差し置いて、なぜ外国語学習にだけ注目するのか、その点が明確にされなければ、これまた議論としては成立しないのです。

さらに、スキルの育成とコミュニケーションの力の育成という二分法も納得のいくものではありません。Box 5で触れた言語使用の創造性を伴わないコミュニケーションは皮相的なものでしかあり得ず、本来のコミュニケーションを可能にするためにはスキルの裏づけが不可欠だからです。

立場2-3 小学校英語は学習者のモデルとしての学級担任と子どもたちの相互の働きかけ（インターアクション）による、新たな教室文化の創生を目指すべきものである。

松川禮子（元岐阜大学教授、現岐阜県教育長）や直山木綿子（京都市総合教育センター指導主事）らによるこの主張は、筆者らの見るところ、小学校英語の検討から生まれたもっとも重要な産物であり、大いに検討の価値があると思います。とくに、重要なのは、「小学校英語≠児童英語／早期英語」という主張です。ですから、この考えにしたがえば、小学校英語を担うのはあくまで学級担任であって、ALTや地域の「英語教育専門家」ではないことになります。この認識はきわめて重要です。

しかし、だれが子どもたちに対して適切なフィードバックを与えるかが一向に明らかにされていません。たとえば、英語教育／活動には、子どもたちの英語での発話に対して、どのような場合に、どのような指導をすべきかを見極めた教員の存在が必要となるが、だれがその役割を担うのか。つまり、この主張を実現させるためには、担任が英語教育／学習についてしっかりとした見識と技能を身につけるか、ALTをしっかりと指導できる力を身につけるかの少なくとも一方が必要になります。しかも、特区などの限られた地域だけならいざしらず、全国一律にそれを実現させることはどう考えても現実的とはいえません。

しかも、外国語教育において、その入門期の指導の重要さと困難さを考えると、この主張の問題はさらに鮮明になります。入門期の指導の重要さについては説明の必要もないでしょう。入門期に身につけたところがその後の外国語学習の基盤を作るのである

から、この時期にしっかりとした指導を受けておかないと、その後の学習が実を結ぶことは不可能ではないにせよ、かなりむずかしくなります。

　入門期の指導の困難さについて理解するためには、仮に日本語を外国人に教えることになったときを想像すればよいでしょう。たとえば、挨拶の仕方を教えるとします。「こんにちは」を教えたら、「こんにちは」と「に」の部分を強く、他の部分を弱く読みます。さあ、どう直したらいいでしょうか。また「友だちが渋谷へいきました」と「友だちは渋谷へいきました」の違いをどのように説明したらいいのでしょうか。このような断片的な例からもわかるように、すでに日本語の基本は身につけて、ある程度の読み書きや会話ができる人に日本語を教えること（それとて、なかなかむずかしいのですが）とくらべて、入門期の指導はとてつもなくむずかしいのです。

　入門期に身についてしまった変な癖はあとで直すのは困難です。野球などの場合とまったく同じです。才能はありながらも、学生時代に妙な癖をつけてしまった選手の指導は一筋縄ではいかないとプロのコーチはいいます。問題の癖をそぎ落とし（unlearn）て、白紙状態に戻した上で、新たな指導が必要となるからです。

　立場2-3に関連して、最近は「担任がやるからこそ意味のある英語活動」というこの主張を「担任でもできる英語教育」にすり替えてしまう傾向があります。つまり、この程度のことなら担任だってできるという基準で、英語活動の中身を決めるという本末転倒なやり方が幅を利かせ始めているのです。その意味で、安易な路線に組み込まれてしまう危険性が高いことにも注意しなくてはなりません。

　このように考えてくると、

立場3　小学校英語はそれ自体としては必要性がなく、子どもたちにとって益するところがないばかりか、害すら与えうる。

という結論に自然に辿りつくことになります。
　こうした事情を背景に、小学校英語推進派がよく持ち出す「からめ手」が次の3つです。

主張1：小学校英語必修化は教育の機会均等のために必要である。
主張2：小学校英語必修化を中学校や高等学校での英語教育を改善のきっかけとする。

Ⅰ．理論編

主張3：小学校英語を一刻も早く必修化しないと韓国や中国などの隣国に遅れをとってしまう。

「からめ手」といったのは、これらの主張は小学校英語必修化を進める積極的な理由というよりも、むしろ、現状に対応するために仕方なく導入するのだという響きをぬぐい去ることができないからです。しかし、これらの主張さえも、さまざまな問題を含んでいます。

主張1：小学校英語必修化は教育の機会均等のために必要である。

これは文部科学省の最近の切り札のひとつになっています。しかし、小学校英語必修化は英語学校などの早期英語教育産業による保護者への攻勢を促し、結果として、機会均等ではなく、逆に、英語学校などに子どもを通わせる経済的余裕のある家庭とそうでない家庭の間の格差を広めてしまう危険性が高いといえます。

実際、少子化傾向の中、小学校英語こそ千載一遇の機会だとばかり、保護者宛の手元には勧誘ビラが山ほど届きますし、書店には「子ども英語」コーナーの類が設けられています。

また、小学校英語導入をめぐる混乱の中で、独自のやり方を模索している地方自治体も増えています。特区としていち早く名乗りを上げたところだけでなく、プロジェクト・チームを組んで、独自のカリキュラムや教材を作成している自治体も増加傾向です。小学校英語の「専門家」の奪い合いさえも一部にはあるようです。

こうした状況が続くとどうなるかは明白です。格差是正をうたい文句にしながら、結果として、むしろ家庭間、地域間格差を生み出してしまうという、じつに皮肉な結末を迎えることになってしまいます。

主張2：小学校英語必修化を中学校や高等学校での英語教育を改善のきっかけとする。

この主張はあまり表だってなされることはありませんが、これこそが小学校英語に肯定的な考えをとる人たちの中の一部良識派の本音ではないかと考えます。《現状だと、中学校や高等学校での英語教育は停滞したまま、改善されるということはない。小学校でも英語を導入するということで、中学校や高等学校の英語教員に危機感を持ってもらいたい。》おおよそ、こんなところです。実際、小学校での外国語活動の必修化と「抱き合わせ」の形で、中学校や高等学校における英語 (正確には、外国語) の時間数が増加

I. 理論編

しました。

　気持ちはわからないではありませんが、小学校英語必修化はあまりにも危険な賭けです。失敗すると、学校英語教育が全滅する可能性すらあります。中学校や高等学校での英語教育の改善は急務ですが、それはあくまでも教員養成課程や教員研修のさらなる充実や小学校英語と切り離した形での中学校・高等学校における英語の授業時間数の増加などの正攻法によらなくてはなりません[31]。

　主張3：小学校英語を一刻も早く必修化しないと韓国や中国などの隣国に遅れをとってしまう。

　この主張はきわめてお手軽なものです。まず、いかに隣国とはいえ、各国には独自の社会状況があり、安易な追随は危険です。次に、韓国にしても、中国にしても、小学校英語導入に先立って周到な準備が行われています。しかも、それにもかかわらず、実施後にさまざまな問題が生じています。異常ともいえる英語熱の高まりが大きな社会問題となっているのです。韓国における雁のパパ（キロギ・アッパ）現象などはその典型例です[32]。それが原因で家庭崩壊の危機に直面してしまった実例などが報告されています。

　このほかにも、小学校英語に対する社会の期待の大きさを考えると、理屈の問題ではなく、ともかくも始めなくてはならないという意見もあります。社会の要請に応えることを教育の第一義とは考えていない筆者らにとって、この意見はかなり乱暴な押し付け以外の何物でもありません。

[31] 外国語活動の必修化に伴って小学校教員の英語研修のための予算が必要となってきます。問題は、そのことによって中学校・高等学校の英語の先生を対象とした予算が削減されてしまう危険性があることです。

[32] 「雁のパパ現象」とは、子どもの英語学習のために子どもと母親がアメリカに渡り、韓国に残った父親が生活費を携えて、年に数回太平洋を渡る現象をいいます。

Box 6　必修化と教科化

　新聞などによる小学校英語に関するアンケート調査で、「あなたは公立小学校での英語教育の必修化に賛成ですか」とか、「あなたは公立小学校での英語教育の教科化に賛成ですか」などの質問がなされることがあります。筆者らはつねづね、これらの質問に回答する人たちが「必修化」や「教科化」の意味するところを正しく理解した上で回答しているのか疑問に思ってきました。このBoxでは、この点について解説します。

　2008年3月まで、特区などを除いた公立小学校では英語を「総合的な学習の時間」における「国際理解教育」の一

部として教えてもよいということになっていました。この形態では、英語は「英語科」（あるいは、「外国語科」）という教科として教えられているわけではありません。この点で、中学校以降における英語教育（「外国語科」という教科が存在する）とは質的に異なった位置づけがなされていたのです。この形態に対し、「英語教育」ではなく、「英語活動」という名称が与えられているのはこの理由によるのです。

また、この形態では、英語は上に述べたような位置づけで「教えてもよい」とされているのですから、必修にもなっていません。

この形態をよしとせず、さまざまな考えが提案されました。そのひとつの方向が小学校英語の「必修化」です。注意しなくてはならないのは、小学校英語を必修とするとき、複数の形態が考えられることです。現在、考えられる可能性は次のとおりです。

1 総合的な学習の時間における国際理解教育の一部としたまま、必修化する。（英語活動の必修化1）
2 道徳は教科ではなく、「領域」という位置づけで設定されているが、小学校英語もこれと同じく領域として必修化する。（領域・英語の必修化）
3 中学校以降と同じく、英語という教科を新設する。（教科化・必修化の同時実施）
4 英語活動を総合的な学習の時間から切り離し、それと同等の位置づけを与える。（英語活動の必修化2）

「領域」という位置づけがなされると、道徳と同様、副読本が用いられる可能性が生じます。「教科」という位置づけがなされると、「教科書」が必要となります。

今回の学習指導要領で採用されたのは4の可能性です。対象を英語に限定しないという意味で「外国語活動」と称されていますが、現実的にはほとんどの小学校で英語活動が行われることになります。

なお、道徳の「心のノート」に対応する「英語ノート」の作成と配付が検討されています。

> **Box 7**　児童・生徒・学生
>
> 　学習指導要領においては、小学校に通う子どもは「児童」、中学校・高等学校に通う子どもは「生徒」、大学に通うものは「学生」と称されています。これらの区別をする背景にそれなりの理由があることも事実ですが、この本では子どもたちの発達の連続性を大事にしたいという気持ちから「子ども(たち)」という呼び方を用いています。

5-2　学習指導要領の改訂とことばの力

　2008年3月に告示された学習指導要領について、文部科学省のウェブサイト (http://www.mext.go.jp/a_menu/shotou/new-cs/index.htm) に「新しい学習指導要領」という表題で、様々な情報が載っています。そこに載っているのは中央教育審議会初等中等教育分科会教育課程部会での審議の経過とそのまとめですが、最終的に告示された学習指導要領と本質的な隔たりはありません。

　今回の学習指導要領改訂の基本的な考え方について、次のように書いてあります。

現行学習指導要領の理念である「生きる力」をはぐくむこと、この理念は新しい学習指導要領に引き継がれます。
　「生きる力」
- 基礎・基本を確実に身に付け、いかに社会が変化しようと、自ら学び、自ら考え、主体的に判断し、行動し、よりよく問題を解決する資質や能力
- 自らを律しつつ、他人とともに強調し、他人を思いやる心や感動する心などの豊かな人間性
- たくましく生きるための健康や体力

　そして、「生きる力」を育むという理念を実現するため、「その具体的な手立てを確立する観点から学習指導要領を改訂」するとあります。

　この本との関連では、その改訂の7つのポイントのひとつに、「思考力・判断力・表現力等の育成」というのが含まれている点が重要です。その点については、こう書いてあります。

[4] 思考力・判断力・表現力等の育成
- 思考力・判断力・表現力をはぐくむためには、観察・実験、レポートの作成、論述などの知識を活用する学習活動を発達の段階に応じて充実させる必要がある
- これらの能力の基盤となるのは言語の能力であり、その育成のために、小学校低・中学年の国語科において音読・暗唱・漢字の読み書きなど基本的な力を定着させた上で、各教科等において、記録、要約、説明、論述といった学習活動に取り組む必要がある
- その際、子どもたちの思考力等も発達の段階に応じて高まることを重視する必要がある

さらに、「中央教育審議会初等中等教育分科会教育課程部会におけるこれまでの審議のまとめ（2007年11月7日付け）」の全文（筆者が参照したのは、「日本教育新聞」2007年11月12日付けの「資料版」として掲載されたもの）を読むと、「言葉への自覚」とか、「幅広い言語に関する能力」とかの表現もあり、教室での実際の運用においては先生方の工夫次第で、この本の主張する「ことばへの気づきを育む言語教育」の要素を取り入れることが可能なことがわかります。

5-3 小学校英語の取り扱い

5-1でみたように、小学校英語については、これまでさまざまな意見がありましたが、文部科学省はどのような方向に舵を切っていくのかを「初中教育ニュース（初等中等教育局メールマガジン）」第64号（2007年9月13日）に掲載された「小学校における英語活動について」という題名の「記事解説」（教育課程課執筆）を参考にさぐっていくことにしましょう。

この記事の重要と思われる部分を抜粋して以下に掲げます。下線は筆者が加えたものです。

> 8月下旬以降、学習指導要領の見直しに関して新聞等でさまざまなトピックについて報道がなされています。今回は、小学校における英語活動について、学習指導要領の見直しを審議している中央教育審議会教育課程部会の審議の状況をお知らせします。
>
> （中略）

2．小学校における外国語活動（仮称）について

■目標は「言語や文化に対する理解」と「コミュニケーションに対する積極性」

　小学校段階では、小学生のもつ柔軟な適応力を生かして、言葉への自覚を促し、幅広い言語に関する能力や国際感覚の基盤を培うため、中学校の英語教育を前倒しするのではなく、

- 国語や我が国の文化を含めた言語や文化に対する理解を深めること
- 積極的にコミュニケーションを図ろうとする態度の育成を図ること

を目標として、英語を中心とした外国語活動（仮称）を行うことが適当とされています。

　このような外国語活動（仮称）を行うにあたっては、

- 身近な場面やそれに適した言語・文化に関するテーマを設定し、ALTとの交流等を通して、英語でのコミュニケーションを体験させること
- 場面やテーマに応じた基本的な単語や表現を用いて、音声面を中心とした活動を行い、言語や文化について理解させることを基本とすることが適当とされています。

■国語力の育成にも資する

　小学校段階で外国語に触れ、日本語とは異なる言語の音声や基本的な表現に慣れ親しませることは、言葉の大切さや豊かさ等に気づかせたり、言語に対する関心を高め、これを尊重する態度を身に付けさせることにつながるものであり、国語に関する能力の向上にも資するものであるとされています。

■総合的な学習の時間とは別に高学年で週1コマ程度

　小学校段階における英語活動については、現在でも多くの小学校で総合的な学習の時間等において取り組まれていますが、各学校における取り組みには相当のばらつきがあります。このため、外国語活動（仮称）を義務教育として小学校で行う場合には、教育の機会均等の確保や

> 中学校との円滑な接続等の観点から、国として各学校において共通に指導する内容を示すことが必要とされています。
>
> 　この場合、
> - 目標や内容を各学校で定める総合的な学習の時間とは趣旨・性格が異なること
> - 小学校における外国語活動(仮称)の目標や内容を踏まえれば一定のまとまりをもって活動を行うことが適当なことから、総合的な学習の時間とは別に高学年において一定の授業時数(年間35単位時間、週1コマ程度)を確保することが適当とされています。
>
> ■**教科とは位置づけない**
> 　教科のような数値による評価にはなじまないと考えられることから教科とは位置づけないことが適当とされています。
>
> （下線大津）

この資料からわかる方向性は次のようにまとめられます。

（1）総合的な学習の時間から切り離された「外国語活動」という形で必修化する。
（2）小学5、6年生を対象とする。
（3）週1コマ程度の授業とする。
（4）主たる目標は「言語や文化に対する理解」を深めることと「コミュニケーションに対する積極性」の育成にある。
（5）中学校の英語教育の前倒しではない。
（6）外国語に触れ、日本語とは異なる言語の音声や基本的な表現に慣れ親しませることにより、言葉の大切さや豊かさ等に気づかせたり、言語に対する関心を高め、これを尊重する態度を身に付けさせることにつながるものである。

さらに、上の資料では直接触れられていませんが、

（7）学級担任が中心的役割を果たす。

ことも重要です。

これらの点からわかることは、「スキル」(英語運用能力)の育成を小学校英語の主たる目標としていない点です。この点をしっかりと認識しておかないと、外国語活動の本質を見誤ってしまう危険性が大いにあります。

6. 最後に

　ここまで、ことばへの気づきを育成することによって、ことばの力を育む教育の試みについて、解説してきました。紙幅の都合で触れるべくして触れる余裕がなかった問題もたくさん残されています。そのひとつは、筆者らの代案である、ことばの教育(言語教育)を小学校に導入するとして、どのような形での導入が望ましいのかという問題です。「望ましい」ということであれば、国語とは別に、「教科ことば」という形で導入することが最善の選択であると考えています。実際、Language Artsなどという名称でそのような教科を小学校に導入している国も多くあります。しかし、とりあえず、もう少し現実的な提案をするのであれば、「外国語活動」を「ことば活動」という形にし、その枠内で実質的にことばの力を育む教育を試みるということになります[33]。

　また、ここで取り上げたのは文の内部の仕組みと機能に関する事柄ですが、ことばの教育では文を越えた文章の仕組みと機能に関することもその対象として考える必要があります。この点に関しては、三森ゆりかの主唱する「言語技術教育」(たとえば、三森ゆりか『子どものための論理トレーニング・プリント―徹底つみ上げ式』(2005年、PHP研究所)や『絵本で育てる情報分析力―論理的に考える力を引き出す〈2〉』(2002年、一声社)などを参照)との連携が可能であり、かつ、必然であると考えています。

　さらに、ことばの教育(言語教育)を小学校に導入するという提案は、子どもたちの知的発達の過程を考慮したうえで、どの学年にどのような学習内容を配置するのが適切であるかについての考えを明らかにすべきですが、それは今後の課題です。

　ほかにも述べるべきことは数多く残されていますが、ここでは、いま小学校に導入すべきは決して英語活動／教育ではなく、ことばへの気づきを育成するためのことばの教育であるという筆者らの主張の根幹にある考え方の概要を提示しました。

---

[33] したがって、小学校英語のこれからの展開は非常に重要です。推進派は学習指導要領の次期改訂を見据えて、対象学年の拡大や教科化に狙いを定めてくるでしょう。今後は、こうした動きが英語教育や学校教育全体を混乱に導くものにほかならないことを広く一般の人々にも理解してもらうよう努め、ことばの力を育む教育の実現に向けて力を注ぎたいと考えています。

Box 8

実践知と科学知

　言語教育、翻訳、あるいは、橋梁建設などの実践的行為に携わっている人々は関連する諸科学でどのようなことが明らかにされつつあるかということに目を配っておく必要はあるかと思います。しかし、そうした知見に縛られすぎてはなりません。なぜかというと、実際になにをしているのかを意識的に捉えることなしに、そのような実践的行為を遂行する能力というものは科学的知識よりもずっと進んでいることが普通だからです。
(Noam Chomsky (1988) *Language and problems of knowledge: the Managua Lectures*, Cambridge, Mass.: MIT Press.)

　アルキメデスは紀元前260年ころのシシリア島シラクサの人で、数々の伝説に包まれています。彼が「てこの原理」を発見したのは確かですが、「てこ」そのものはエジプト時代から使われていました。にもかかわらず「なぜ『てこ』を使うと弱い力でも重い物体を持ち上げることができるのか」に疑問をもって考えた姿勢は、科学の原点をみる思いです。当たり前として放っておかず、原理に立ち戻って考えることにより、現象の本質が理解でき、より有効な道具を作るきっかけが得られるからです(アルキメデスは、「われに支点を与えよ、しからば地球を動かしてみせよう」と述べたそうです)。また、アルキメデスはギリシャ時代には珍しく、さまざまな道具や機械を作って試した人でした。だから、アルキメデスの原理のヒントが、フロに入っているとき体を軽く感じることから得られたといわれているのでしょう。実験家のセンスももっていたようです。(池内了『科学の考え方・学び方』岩波ジュニア新書、岩波書店、1996、pp.88-89)

II. 実 践 編

「理論編」を受け、「実践編」では、実際に教室で利用可能な素材を教材形式で提示します。それらをもとにいろいろと工夫を凝らしていただいた上で利用してくださってもかまいません。網掛のページや随所に挿入したコラムは先生方や保護者の方々を念頭に置いて準備したものです。また、本文中♪マークの発音はインターネットで聞くことができます（http://www.keio-up.co.jp/kup/kotoba/）し、クイズの答えは巻末をご参照ください。

■■■ 1. ことばの多様性

① 世界の言語と日本語　1/6,000の日本語

　世界にはおよそ6,000の言語があると言われています。日本語や英語もその中のひとつです。つまり、日本語も英語も、地球上ではそれぞれ6,000分の1という存在です。

　日本の社会ではおもに日本語が使われています。また、日本語が日常生活の言語として使われている国は地球上で日本だけです。このように日本語は、ひとつの言語がひとつの国とほぼ対応している言語ですが、世界では日本語のような言語はあまり多くありません。英語はイギリス、アメリカ、カナダ、オーストラリア、ニュージーランドなどの国々で日常の言語として使われています。

> イギリス、アメリカ、カナダ、オーストラリア、ニュージーランド…
> → 英　語

　アラビア語もアジア、アフリカの多くの国々で話されています。フランス語はヨーロッパだけでなくアフリカの多くの国々で使われ、またスペイン語も中央アメリカや南アメリカを中心に、世界の多くの国々で話されています。

> アラブ首長国連邦、アルジェリア、イエメン共和国、イラク、エジプト、オマーン、カタール、クウェート、サウジアラビア、シリア、スーダン、ソマリア、チャド、チュニジア、バーレーン、モロッコ、リビア、レバノン…
> → アラビア語

　英語やアラビア語などとは逆に、ひとつの国の中で複数の言語が用いられている場合も珍しくありません。たとえばインドでは、ヒンディー語、タミル語、マラティ語など、多くの言語が話されています。同じ国の中で、地域によって話されている言語が違うのです。

> → インド
> 言語：ヒンディー語、ウルドゥー語、ベンガル語、パンジャブ語、アッサム語、タミル語、マラティ語、テルグ語、マラヤーラム語、カンナダ語…

II. 実践編

　では、世界で一番よく話されている言語は何語でしょう？　赤ちゃんのときに耳にして自然に身につけた言語を母語と言いますが、母語話者（その言語を自分の母語として話す人）の数を基準にすると、次のような統計が得られます*。ジャバ語はインドネシアやマレーシアなどで使われている言語、また**の印がついた言語はインドとその周辺地域で話されている言語です。

1.	中国語	1,000 (x百万)	11.	フランス語	70
2.	英語	350	12.	パンジャブ語**	70
3.	スペイン語	250	13.	ジャバ語	65
4.	ヒンディー語**	200	14.	ビハール語**	65
5.	アラビア語	150	15.	イタリア語	60
6.	ベンガル語**	150	16.	韓国語	60
7.	ロシア語	150	17.	テルグ語**	55
8.	ポルトガル語	135	18.	タミル語**	55
9.	日本語	120	19.	マラティ語**	50
10.	ドイツ語	100	20.	ベトナム語	50

　世界で一番母語話者が多いのは中国語の10億人です。日本語は1億2千万人で、6,000の言語の中で9番目に入ります。世界の人口は約66億人ですから、6,000の中のトップ20の言語で世界の人口の約半分を占めていることがわかります。このうち、国際連合（国連）の公用語は、英語（母語話者数第2位）、フランス語（第11位）、中国語（第1位）、ロシア語（第7位）、スペイン語（第3位）、アラビア語（第5位）の6言語です。

クイズ

言語が違えば実際に使われる言葉も違います。たとえば同じ「こんにちは」というあいさつ言葉でも、6,000の言語があれば、6,000通りの言い方があるわけです。次の言葉はどの言語の「こんにちは」でしょう？

ハロー、ニーハオ、ジャンボ、ボンジュール、アッサラーム、グーテンターク、アンニョンハセヨ

　　　ヒント：韓国語、中国語、アラビア語、スワヒリ語、ドイツ語、フランス語、英語

調べてみよう

スペイン語やフランス語がどの国で話されているか調べてみましょう。

　　　ヒント：スペイン語は南アメリカ、中央アメリカの国々で、フランス語はアフリカの国々で話されています。

* 出典：Comrie, B., Matthews, S. and Polinsky, M. (1996) *The Atlas of Languages*. New York: Facts on File, Inc. なお、母語話者の数字については文献によって順位や数値が多少異なる。

1. ことばの多様性

❶ 世界の言語と日本語

絶滅危機言語

「絶滅危機言語」という言葉を知っていますか？ 話す人がほとんどいなくなってしまった言語のことです。あまり知られていませんが、地球上では少数民族の言語¹を中心にして言語がどんどん消滅しています。消滅といっても、必ずしも民族が絶滅するわけではありません。ある言語を話していた人たちが、数世代もたたないうちに別の言語を母語として話すようになるのです。北アメリカ大陸で使われていたアメリカインディアン（ネイティブ・アメリカン）の諸言語も、使っていた人たちが英語を母語として話すようになって絶滅の危機に瀕しています。日本でも、昔は北海道でアイヌ語が話されていましたが、もう母語として話す人はいなくなりました。この場合も、アイヌ民族が絶滅したのではなく、アイヌ語の代わりに日本語を母語として話すようになったのです。

クラウス（Krauss）という言語学者はこれまでのデータをもとに、いま残っている6,000の言語が21世紀末には300〜600になってしまうと予測しています²。わずか100年の間に、少数民族の言

---

1 母語話者の少ない言語の例（インターネットで List of endangered languages を検索した結果）：ベラ・クーラ語（Bella Coola, カナダ、話者20名）、ハン語（Han, カナダ、7名）、リボニア語（Livonian, エストニアおよびラトビア、35名）、満州語（Manchu, 中国東北部、100名以下）、ブング語（Bung, カメルーン、3名）。

2 Krauss, M. 1992. The world's languages in crisis. *Language* 68-1.

Ⅱ. 実 践 編

　語を中心に世界の言語の90～95％が絶滅してしまうという予測です。1週間で地球上からひとつの言語が消えていくという計算になります。

　人類史上かつてない規模での大量消滅の事態(じたい)を前に、世界中の言語学界(がっかい)では絶滅の危機に瀕(ひん)した少数民族言語の記録・保存が声高(こわだか)に叫ばれ、そして実際にUNESCO(ユネスコ)(国際連合教育科学文化機関)や各国政府の支援を受けていくつかの研究プロジェクトが進められています。

　しかし、絶滅の危機に瀕した言語は少数民族の言語だけではありません。日本国内に目を向けると、教育・マスメディアの普及(ふきゅう)や人の移動といった社会的な要因によって、日本語を特徴づけていた方言の多様性(たようせい)が崩れ、多くの方言が標準語にのみ込まれようとしています。教育やテレビの普及や人の移動によって、いまでは沖縄から北海道まで、日本全国の子どもたちが標準語を話せるようになりました。その一方で、自分の地域の言葉(方言)を話すことができなくなってきています。日本各地で、おじいさん、おばあさんたちが話していたことばとも、お父さん、お母さんの世代が使っていたことばとも違うことばを、いまの子どもたちは話しているのです。

　ことばはそれが話されている地域の文化です。そう考えると、方言が衰えていくことは、地域の文化が失われていくことを意味します。

　日本人は、絶滅の危機に瀕した動植物(たとえばトキやヤンバルクイナ、ノグチゲラなどの鳥や、メダカやナマズなどの魚)を保護しようと必死になっています。しかし、絶滅の危機に瀕しているのは動植物だけではないのです。地域文化を支えている方言も、現代社会の影響を受けて滅びようとしているのです。方言を残すためにはどうしたらいいのでしょう。それは動植物を保護することよりもむずかしいかもしれません。

1. ことばの多様性

❷ 方言と言葉　つかれた、えらい、しんどい、てそか

　同じ日本であっても、地域によって言葉が違うことが珍しくありません。たとえばとても疲れたとき、東京では「とても疲れた」「ものすごく疲れた」と言いますが、名古屋では「でら、えらい」、大阪では「ごっつい、しんどい」、鹿児島では「わっぜえ、てそか」と言います。「とても」を表す言葉も、「疲れた」にあたる言葉も、地域によって違うのです。東京と大阪、鹿児島を例に、いくつか例をあげてみましょう。

東京	大阪	鹿児島
疲れた	しんどい	だれた、てそか
だめだ	あかん	やっせん
たくさん	ようけい	ずんばい
がんばれ！	がんばり！	きばれ！
暑い	暑い	ぬっか
大きい	ごっつい	太か
太った（人）	こえてる	こえた
捨てる	ほかす	うっせる〜うっすっ
ばか	あほ	ほがなか
おれ	わい、わし	おい
お前	われ	わい

Ⅱ. 実 践 編

　方言は心温まる言葉と言われますが、その言葉が日本全国で衰えてきています。その一方で、方言を大事にしようという動きもあります。方言によるスピーチ大会や演劇大会が開かれたり、方言落語が人気を博しているのがいい例です。また、次のような方言を使った広告も時々見られます。普段使っている方言を使う方が、人の心に直接伝わるのでしょうか*。自分でも、方言を使って標語をつくってみましょう。

「どこだりさゴミ捨てるな」（岩手県）
　　（ところかまわずゴミを捨てるな）

「いがっぺ駐車大迷惑」（茨城県）
　　（「いがっぺ（まあいいだろう）」って駐車されたら回りは大迷惑）

「ちぃーとこすにゃーか」（愛知県、電車の車内広告）
　　（（割り込み乗車は）ちょっとずるくないか？）

「つれもてしよらシートベルト」（和歌山県）
　　（みんなでしようよ、シートベルト）

「チカン　アカン」（大阪府）
　　（痴漢はいけない）

「飲んで乗っちゃおえりゃせんがな」（岡山県）
　　（飲んで運転したらいけないのは、わかっているだろうに）

クイズ

次にあげる各方言の表現は何という意味か、想像してみましょう。

ラーフル（鹿児島他）、いちびり（近畿）、いらち（近畿）、けった（愛知）、ほうか（愛知）、ゲラ（近畿）

　ヒント：黒板消し、自転車、すぐいらいらする人、休み時間、ふざける人、よく笑う人

調べてみよう

これまであげた言葉の中に、あなたの住んでいるところでも使う言葉はありますか？　また、あなたの住んでいる地域には、よその地域では使わないという言葉がありますか？

＊ 天野祐吉「CM天気図」（2007年6月12日、朝日新聞朝刊）より

1. ことばの多様性

❷ 方言と言葉

方言の言葉

　日本各地に標準語とは違う表現がたくさんあります[3]。たとえば「ありがとう」は島根では「だんだん」、近畿地方では「おおきに」、山形では「おしょうしな」と言います。「かぼちゃ」も「なんきん」（近畿）、「ぼうぶら」（富山、石川他）、「とうなす」（青森、関東）、「ゆうごう」（岡山、宮崎）など、各地で呼び方が違います。

　標準語と各地の言葉を比べてみましょう。

　標準語：地域の言葉（地域）
　自転車：けった〜けったマシン（愛知）、ちゃりんこ（大阪）
　ただいま：もどった（福井、島根他）、いってさんじました（埼玉、和歌山他）、いまじゃった（鹿児島）
　両替（りょうがえ）する：くだく（青森他）、こわす（茨城、栃木他）、くずす（東京）、こまめる（福岡）、わる（佐賀）
　久しぶり：おめがた（岩手）、やっとかめ[4]（愛知）、おとどしい（四国他）
　いらっしゃい：おいでやす（京都）、おいでませ（山口）、ようおじゃったもした（鹿児島）、めんそうれい（沖縄）
　こんばんは：おばんでした（北海道、東北）、ばんじまして（鳥取、島根）
　塩辛（から）い：しょっぱい（東日本）、くどい（北陸）、からい（西日本）
　頭：びんた[5]（南九州）、ちぶる（沖縄）
　がんばれ：けっぱれ（北海道、東北他）、がまだせ（福岡、佐賀他）、きばれ（鹿児島）、ちばりよう（沖縄）

　同じ言葉を使っていても、地域によって意味が違うということもあります。「わい」と言えば、大阪では自分のことですが、鹿児島では「おまえ」の意味で相手を指します。鹿児島で相手が誰かを聞くときは、「わいは誰（だれ）？」と言うわけです。このような例を見てみましょう。

　言葉：意味（地域）
　わい：おれ（大阪）、おまえ（鹿児島）
　ねまる：正座する（北海道、東北地方他）、座る（富山他）、肩や腰がこる（奈良）、食べ物が腐る（鹿児島、熊本）
　えらい：立派（りっぱ）だ（標準語）、疲れた（愛知）

---

[3] 三井はるみ（監修）『まんが 方言 なんでも事典』（1998年, 金の星社）より一部抜粋（一部改変）。

[4] 「やっとかめ」は「八十日目」と書きます。

[5] 標準語では「びんた」は「人のほおを平手で打つ」ことを意味します。これは鹿児島弁の「びんた」（＝頭）に由来すると考えられます。

II. 実践編

おどろく：びっくりする（標準語）、目覚める（青森、和歌山他）
くどい：しつこい（標準語）、塩辛い（北陸）
お静かに：静かにして下さい（標準語）、お気をつけて（東北、北陸他）
こけよった：こけてしまった（大阪）、こけそうになった（兵庫）

地域によって言葉や意味が違ってくるのは日本語だけではありません。イギリスとアメリカでは同じ英語という言語が話されていますが、同じ意味を表すのに違う言葉を使うことが珍しくありません[6]。

意味	イギリス	アメリカ
ズボン	トラゥザーズ (trousers)	パンツ[7] (pants)
トラック	ローリー (lorry)	トラック (truck)
1階	グラゥンド フロァ (ground floor)	ファースト フロァ (first floor)
エレベーター	リフト (lift)	エレベーター (elevator)
秋	オータム (autumn)	フォール (fall)
サッカー	フットボール (football)	サッカー (soccer)

[6] Henry Alexander著 *The Story of Our Language*. 成美堂.

[7] 最近は日本語でもズボンのことを「パンツ」と呼ぶようになりました。これはアメリカ英語の pants（ズボン）が日本語に入ってきたものです。

クイズ

次の鹿児島弁はどういう意味でしょう。声に出して読みながら、想像してみましょう。

1. がる
2. （靴を）ふむ
3. がめる
4. げんなか
5. もじょか
6. てそか
7. ぐらしか
8. こえた
9. ちんがらっ
10. やじょろしか

ヒント：恥ずかしい、うるさい、盗む、太った、疲れた、履く、叱る、めちゃくちゃ、かわいそう、かわいい

1. ことばの多様性

❸ 方言とアクセント   日本各地のありがとう

♪*

| 東京 | 名古屋 |
| 大阪 | 鹿児島 |

（楽譜：各地の「ありがとう」のアクセント）

　同じ言葉を使っていても、地域によって発音が違うことがあります。ここでは発音の代表としてアクセントのことを考えてみましょう。日本語のアクセントは音の高低で決まり、たとえば「バス」「ガム」という言葉は日本の多くの地域で、最初の音が高く、次の音が低く発音されます。

　　　バス　　　ガム

　しかし、「バス」や「ガム」のように各地で同じアクセントになるという言葉はむしろ珍しく、多くの言葉は地域によってアクセントが異なります。たとえば「ありがとう」という言葉は東京、名古屋、大阪、鹿児島の4地点を比べただけで、次のような違いがあります。あなたが住んでいる地域では、どのように発音するでしょう？（￣の部分が高く発音するところです）

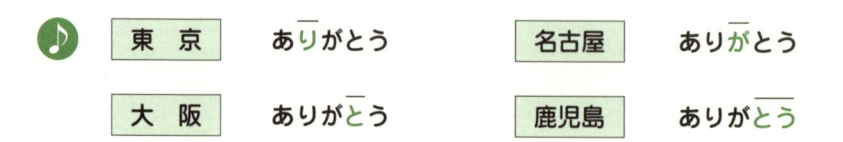

♪　| 東　京 | ありがとう | 名古屋 | ありがとう |
　　| 大　阪 | ありがとう | 鹿児島 | ありがとう |

　東京と大阪、鹿児島では同じ言葉を発音しても次のようにアクセントが違います。

II. 実践編

東　京	大　阪	鹿児島
こんにちは	こんにちは	こんにちは
あめ（雨）	あめ	あめ
あめ（飴）	あめ	あめ
ばか（馬鹿）	ばか	ばか
はし（橋）	はし	はし
はし（箸）	はし	はし
はし（端）	はし	はし
はる（春）	はる	はる
なつ（夏）	なつ	なつ
くも（蜘蛛）	くも	くも
くも（雲）	くも	くも
せんせい（先生）	せんせい	せんせい
あつい（暑い）	あつい	あつい

　アクセントの地域差は、長い言葉にも現れます。次の言葉を発音して、3地点のアクセントを比べてみましょう。同じ言葉を同じ意味で使っていても、実際の発音がしばしば違ってきます。

東　京	大　阪	鹿児島
はるやすみ	はるやすみ	はるやすみ
なつやすみ	なつやすみ	なつやすみ
いわてさん（岩手さん）	いわてさん	いわてさん
いわてさん（岩手山）	いわてさん	いわてさん
いわてさん（岩手産）	いわてさん	いわてさん
やまだ（山田）	やまだ	やまだ
やまださん（山田さん）	やまださん	やまださん
やまだくん（山田君）	やまだくん	やまだくん

調べてみよう　あなたが住んでいる地域では、上の言葉をどのように発音しますか。東京、大阪、鹿児島のどこの発音に近いですか？　声を出して発音して、東京や大阪、鹿児島と同じかどうか調べてみましょう。また、自分のアクセントと家族のアクセントが同じかどうか確かめてみましょう。

＊♪マークの発音はインターネットで聞くことができます（http://www.keio-up.co.jp/kup/kotoba/）。

1. ことばの多様性

❸ 方言とアクセント

行くと来る

　方言の特徴は言葉の意味や発音にだけ現れるわけではありません。同じ言葉を使っていても、その使い方が違うことがよくあります。ここでは鹿児島県で話されている鹿児島弁の特徴を紹介しましょう。

　鹿児島弁は「行く」と「来る」の動詞の使い方が標準語とは少し異なっています。友達の家をたずねるときは「友達の家に行く」、友達を自分の家にむかえるときは「友達が来る」と言います。この点では鹿児島弁と標準語は同じですが、自分が相手のところに行くときに使う動詞が鹿児島弁と標準語では違います。標準語では「明日、あなたの家に行くから」と「行く」を使いますが、鹿児島弁では「明日、あなたの家に来るから」[8]と「来る」を使うのです。

　鹿児島弁の「行く」と「来る」の使い方は、実は英語と同じです。英語で「行く」はgo、「来る」はcomeと言いますが、自分が相手のところに行くときはcomeを使います[9]。

　　友達の家に行く（go）
　　友達が自分の家に来る（come）
　　自分が相手の家に行く（come）

「持っていく」「持ってくる」の使い方も標準語と鹿児島弁は違います。この場合も、鹿児島弁は英語と同じ使い方をします。

	標準語	鹿児島弁[10]	英　語[11]
どこかに	持って<u>いく</u>	持って<u>いく</u>	持って<u>いく</u>（take）
自分の家に	持って<u>くる</u>	持って<u>くる</u>	持って<u>くる</u>（bring）
相手の家に	持って<u>いく</u>	持って<u>くる</u>	持って<u>くる</u>（bring）

　自分と友達との間でプレゼントのやりとりをするときの動詞も方言によって少し違いがあります。標準語では、自分が友達にプレゼントをわたしたとき、「私が友達にプレゼントをあげた」とは言いますが、「私が友達にプレゼントをくれた」とは言いません。逆に、友達が自分にプレゼントをわたしたとき、「友達が私にプレゼントをくれた」とは言いますが、「友達が私にプレゼントをあげた」とは言いません。自分→友達のときは「あげる」という動詞を、友達→自分のときは「くれる」という動詞を使うわけです。

8　「あした、くっで」

9　I will go to Taro's house. John will come to my house. I will come to your house.

10　「学校へ持っていっ」「自分げえ、持ってくっ」「あんたげえ、持ってくっ」

11　I will take it to school. I will bring it home. I will bring it to your house.

II. 実践編

　これに対し鹿児島弁では、自分が友達にわたす場合も、友達が自分にわたすときと同じように「くれる」という動詞を使います[12]。つまり「私は友達にプレゼントをくれた」と言うのです。ここでも鹿児島弁は英語と同じです。英語では自分→友達でも、友人→自分でも、giveという同じ動詞を使います。

		標準語	鹿児島弁	英語(ギブ)
自分→友達	プレゼントを	あげる	くれる	give
友達→自分	プレゼントを	くれる	くれる	give

　鹿児島弁や英語の使い方は標準語から見ると少しおかしく思えるかもしれませんが、標準語でも少し乱暴に言うときは「お前にくれてやる」と言います。自分の行為に対して「くれる」を使うことがあるのです。

　鹿児島弁と標準語のもうひとつの違いは、疑問文に対する答え方です。「お腹空いてる？」と聞かれたら、「はい、空いています」「いいえ、空いていません」と答えます。これは鹿児島弁も標準語も同じですが、「お腹空いてないの？」と否定形で聞かれたときに方言の違いが出てきます。空いていなければ「はい、空いていません」あるいは「うん、空いてない」と答え、お腹が空いていたら「いいえ、空いています」と答えるのが標準語です。これに対し、鹿児島弁では「いいえ、空いていません」、「はい、空いています」と答えます。これは英語のyes（はい）、no（いいえ）と同じ使い方です。

　標準語　お腹空いてない？　　鹿児島弁　腹は減っとらんけ？
　　　　うん、空いてない。　　　　　うんにゃ、減っとらん
　　　　（＝はい、空いていません）　（＝いいえ、空いていません）
　　　　ううん、空いてる。　　　　　うん、減っとっ
　　　　（＝いいえ、空いています）　（＝はい、空いています）
　英　語　お腹空いてない？
　　　　いいえ(no)、空いていません
　　　　はい(yes)、空いています

　最初に述べた「行く」「来る」と組み合わせると、次のような違いが標準語と鹿児島弁・英語の間に出てきます。
　明日、私の家に来ない？
　標準語　　　　　　　　　鹿児島弁[13]・英語[14]
　はい、行きません　　　　いいえ、来ません
　いいえ、行きます　　　　はい、来ます

[12] 「あんたに、くるっ」「はんに、くるっで」

[13] 「あした、こんけ？」「うんにゃ、こん」「うん、くっで」

[14] Are you not coming tomorrow? No, I am not. Yes, I am.

1. ことばの多様性

④ 文字の世界　日本語の文字、世界の文字

次の文を読んでみましょう。
私はアメリカ人と中国人の友達がいます。

この文には3種類の文字が使われています。ひらがなとカタカナと漢字です。

ひらがな：は、と、の、が、います
カタカナ：アメリカ
漢　　字：私、人、中国人、友達

私たちは何気なく3種類の文字を混ぜて文を書いていますが、これはとても珍しいことです。世界には文字を持たない言語と文字を持っている言語の2種類がありますが、文字を持つ言語でも、その多くは1種類の文字を使います。たとえば中国語であれば漢字だけ、韓国語であればハングルと呼ばれる文字だけ、英語であればアルファベットだけを使って文を書きます。たとえば上の文は次のようになります。

中国語：我有美国朋友和中国朋友
韓国語：나는 미국인과 중국인 친구가 있습니다.
英　語：I have an American friend and a Chinese friend.

日本語には昔、中国語から漢字が入り、その後、ひらがなとカタカナを自分たちの文字として発達させました。いまの日本語では、カタカナは外国（特に欧米の国々）から入ってきた言葉に対して使い、ひらがなは言葉と言葉をつなぐときによく使います。その他の言葉、たとえば人の名前や名詞、動詞などに対しては、漢字を使うことが普通です。日本語では、ひとつの文章の中に3種類の文字を混ぜて使っているのです。これは世界の言語の中ではとても珍しいことで、日本語を見て外国の人たちが驚くことのひとつです。

日本語ではこの3種類の文字に英語のアルファベットを混ぜることも珍しくありません。アルファベットまで入れると、4種類の文字を使い分けていることになります。

Ⅱ. 実 践 編

私は東京で渋谷のNHK(エヌエッチケー)に行きました。
明日はPTA(ピーティーエー)のミーティングがあります。

　世界の言語には、アルファベットや漢字以外の文字もあります。アラビア語はアラビア文字を、ビルマ語はビルマ文字を使います。

ロシア語：Здравствуйте！
アラビア語：شكرًا جزيلاً
ヒンディー語：नमस्ते
ビルマ語：မင်္ဂလာပါ

　世界の言語では、文字を書く方向もさまざまです。英語などアルファベットを使う言語では左から右に書くのが普通ですが、アラビア語やヘブライ語のように逆の方向に書く言語もあります。右から左に書くのは変な気がするかもしれませんが、日本語も昔は、店の名前などを右から左に書いていました。日本語では今は上から下、または左から右に書くのが普通です。

［日本語、中国語など］ 上から下、または左から右

　　（例）　日本語　　　日
　　　　　　　　　　　　本
　　　　　　　　　　　　語

［英語、韓国語、ヒンディー語、ビルマ語など］ 左から右

　　（例）　English（＝英語）
　　　　　　한국어（＝韓国語）

［アラビア語、ヘブライ語など］ 右から左

　　（例）　اللغة العربية（＝アラビア語）

ためしてみよう

1. 自分の名前と学校の名前を①漢字、②ひらがな、③カタカナ、④ローマ字の4種類で、左から右に書いてみましょう。
2. 1で書いた4種類の名前を、今度は (i) 右から左、(ii) 上から下、(iii) 下から上に書いてみましょう。自分ではどの方向に書くのが一番書きやすいですか？

1. ことばの多様性

❺ 2種類のローマ字　hutatuか futatsuか？

　日本語では、かな文字（ひらがな、カタカナ）や漢字とならんで、ローマ字もよく使います。ローマ字は英語のアルファベットと同じ文字です。たとえば駅のホームには、「名古屋」と「NAGOYA」のように、駅の名前が漢字とローマ字の両方で書いてあります。私たちが外国に行くときに使うパスポートにも、私たちの名前がローマ字で書かれています。

　このように、ローマ字は日本語でもよく使われていますが、日本語で使うローマ字に2種類あるのを知っていますか？　たとえば、「ふたつ」という言葉にはhutatuとfutatsuの2通りの書き方があります。

　　　ふたつ　　　hutatu　　　futatsu

hutatuは日本語の構造にあわせてつくられた訓令式という表記法です。futatsuは日本語の音を英語風に書いたものでヘボン式と呼ばれます。ヘボンとはHepburnという、明治時代に日本にきてこの表記法を考え出したアメリカ人宣教師の名前です。日本のパスポートでは、このヘボン式が使われています。

　訓令式は日本語の五十音図にそってつくられているので、同じハ行であればすべてhの文字を、タ行であればすべてtの文字を使います。

　　ハ　ヒ　フ　ヘ　ホ　　　タ　チ　ツ　テ　ト
　　ha　hi　hu　he　ho　　　ta　ti　tu　te　to

　これに対してヘボン式は、日本語の音を英語風に書きます。英語を話す人の耳には、日本語の「ふ」は「は」とは違う音（子音）からできているように聞こえたのです。同じように、「ち」や「つ」も「た」や「と」とは違う子音に聞こえたのです。

　　ハ　ヒ　フ　ヘ　ホ　　　タ　チ　ツ　テ　ト
　　ha　hi　fu　he　ho　　　ta　chi　tsu　te　to

II. 実践編

　訓令式とヘボン式がいつも違うわけではありません。むしろ、多くの場合に同じ表記になります。たとえば「田中」や「鈴木」はどちらの表記法でも同じです。

	訓令式	ヘボン式
田中	tanaka	tanaka
鈴木	suzuki	suzuki

　訓令式とヘボン式がどのように違うか、人や町の名前で確かめてみましょう。

	訓令式	ヘボン式
福田	hukuda	fukuda
町田	matida	machida
新庄	sinzyoo	shinjo
柴田	sibata	shibata
新橋	sinbasi	shimbashi

　ローマ字にふたつの書き方があるというのは少しやっかいだと思うかもしれませんが、実はひらがなにも2通りの書き方が出てくる場合があります。

王様（おうさま）、大阪（おおさか）

　ひらがなで「おう」と書いても「おお」と書いても発音は同じで、「お」を長く発音します。発音は同じなのに、「おう」と「おお」の2通りの書き方があるのです。同じように、高校（こうこう）と校舎（こうしゃ）は「う」を使い、大（おお）きいと通（とお）りは「お」を使って、前の「お」という音をのばします。「ふくだ」というひとつの発音に、hukudaとfukudaのふたつのローマ字表記があるのとよく似ています。

クイズ
次の地名を訓令式とヘボン式、両方のローマ字で書いてみましょう。

栃木、千葉、松島、島根、四国、福島、桜島、金沢

■■ 1. ことばの多様性

❻ 漢字の読み方　左右と右左

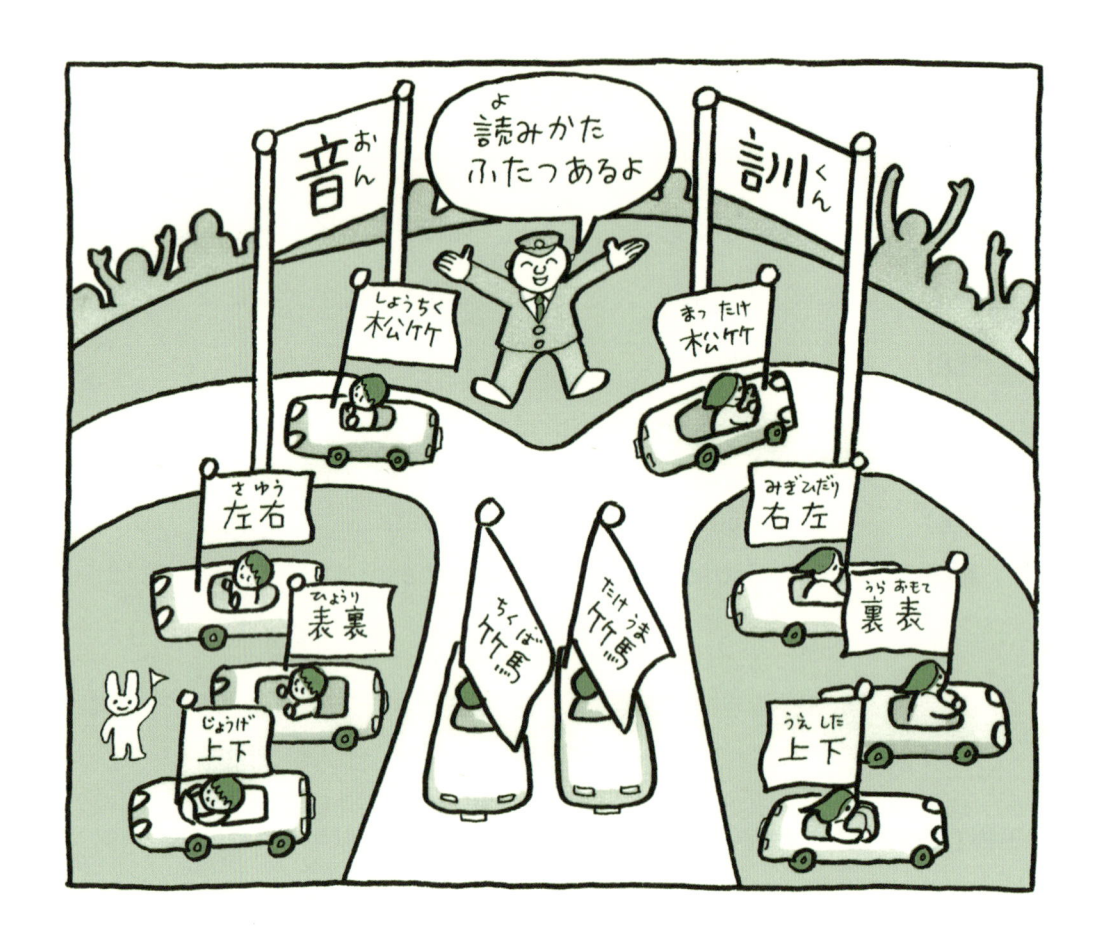

　「左右」と「右左」は何と読みますか？ 「左右」は「さゆう」、「右左」は「みぎひだり」と読みます。日本語では、同じ「左」という漢字を「さ」と読んだり「ひだり」と読んだりします。裏と表も、「裏表」と書けば「うらおもて」、「表裏」と書けば「ひょうり」と発音します。「表」にも「裏」にも複数の発音があるわけです。

　このように、日本語で使う漢字には複数の読み方を持つものが珍しくありません。その理由は、ひとつの漢字に訓読みと音読みの2通りの読み方があるからです。左右や表裏は音読み、右左や裏表は訓読みです。音読みか訓読みかは、漢和辞典の最後にある音訓索引を見るとわかります。ひらがなで書いている読みは訓読み、カタカナは音読みです。たとえば「左」という漢字は「ひ」の項に「ひだり」、「さ」の項に「サ」と書いてあります。

Ⅱ. 実 践 編

　同じ文字に複数の読み方があるというのは、世界の言語ではとても珍しいことです。たとえば英語の世界でJapanと書くと、ジャパンという読み方しかありません。これをジャパンと読んだり、ニッポンと読んだりするというのは、英語の世界では考えられないことです。

　日本語の漢字に2通りの読み方があるのは、漢字そのものが中国から借りてきた文字だということと関係しています。音読みは、漢字を借りたときの中国語の発音がもとになっています。これに対し訓読みは、漢字が入ってくる前から日本語にあった発音です。つまり、漢字が入ってくる前から「ひだり」「みぎ」という言葉が日本語にあり、その発音を「左」「右」という漢字と組み合わせたのです。このため「左」というひとつの漢字に「さ」という中国語風の読み方と、「ひだり」という日本語のもともとの発音があるのです。

　漢字で書かれた言葉を読むときは、ひとつの漢字を訓読みするときはもうひとつの漢字も訓読みで、音読みなら音読みで通すのがふつうです。「上下」なら「じょうげ」と音＋音にするか、「うえした」と訓＋訓で通すという読み方です。「じょうした」という音＋訓の読み方や、「うえげ」という訓＋音の読み方はしません。「松竹」なら「まつたけ」と訓読みするか、「しょうちく」と音読みで通すかのどちらかです。「山登り」なら「やまのぼり」と訓読みで、「登山」なら「とざん」と音読みで通すわけです。

　これは、刺身などの和食を食べる時は日本酒が好まれ、ステーキなどの洋食には洋酒（ワインやビール）がよく合うという、食べ物と飲み物の組み合わせに似ています。また、和服を着たら草履や下駄を履き、洋服を着たら靴を履くという服装の習慣とも共通しています。私たちの日常生活でも漢字の世界でも、同じ種類のものを組み合わせることが多いのです。

　ところが、漢字が組み合わさった言葉の中には、訓読みと音読みの組み合わせや、音読みと訓読みの組み合わせもときどきあります。訓＋音の組み合わせを湯桶読み、音＋訓の組み合わせを重箱読みと言います。「湯」と「箱」が訓読み、「桶」と「重」が音読みですので、このような呼び方になっています（「湯桶」とはお湯を入れておく入れ物、いまで言うポットのことです）。

　では訓＋訓の組み合わせや音＋音の組み合わせは何と呼ばれているでしょう。訓＋訓や音＋音には特別な呼び方はありません。それは訓読み同士、音読み同士という組み合わせが、ごく普通だからです。ことばには「特別なものには特別な呼び

1. ことばの多様性(たようせい)

方をする」という決まりがありますから、訓＋訓や音＋音という普通の読み方には特別な呼び方はないのです。

　皆さんの名前（姓）はどうでしょう？ 「田中、佐藤、吉田」のように、漢字がふたつ組み合わさった名前が多いと思いますが、訓＋訓、音＋音、訓＋音、音＋訓の４つの組み合わせの中で一番多いのはどれでしょう。「田中、木村、山下、鈴木」などが訓＋訓の読み方、「佐藤、加藤、伊賀、東郷」などが音＋音の読み方です。「本(ほん)」や「福(ふく)」は音読みですから、「今福(いまふく)、三藤(みとう)、杉藤(すぎとう)」などは湯桶読み、「福田、福山、本田、佐野」などは重箱読みの名前ということになります。名前にはあまり出てきませんが、「肉(にく)、服(ふく)、駅(えき)、塾(じゅく)」なども音読みです。

　湯桶読みや重箱読みは特別と書きましたが、漢字２文字の表現にも「手本(てほん)、見本(みほん)、豚肉(ぶたにく)、生肉(なまにく)」のような湯桶読み、「本棚(だな)、本読み、福引き、福娘」のような重箱読みがあります。また３文字以上の複合語にも珍しくありません。「腕＋時計」や「柱＋時計」、「目＋医者」、「歯＋医者」は訓と音の組み合わせ、逆に「勉強＋机」「宝石＋探し」、「裁縫(さいほう)＋箱」は音と訓の組み合わせです。「日曜＋日」や「月曜＋日」は音読み（日曜、月曜）と訓読み（日(ひ)）が組み合わさっています。自分の回りの人や物の名前を見て、湯桶読みと重箱読みを探してみましょう。

クイズ

1. 自分の名前は音読みですか、訓読みですか。読み方を変えてみたらどうなりますか？

　（例）　田中＝た（訓）・なか（訓）⇒でん（音）・ちゅう（音）
　　　　木村＝き（訓）・むら（訓）⇒ぼく（音）・そん（音）

2. 次の中で重箱読み、湯桶読みはどれですか？

　高田(たかだ)、杉田(すぎた)、正田(しょうだ)、合田(ごうだ)、伝田(でんだ)、福田(ふくだ)、加藤(かとう)、佐藤(さとう)、進藤(しんどう)、杉藤(すぎとう)、松藤(まつとう)、高藤(たかとう)

3. 次の言葉を読んでみましょう。音読みと訓読みのどちらが普通ですか？ 両方の読み方ができる言葉はどれでしょう？

　草木、草花、上下、腹痛、頭痛、肩車、風車、女心、
　父母、祖母、先生、子供、七草、雑草

4. 次の言葉は訓読みですか、音読みですか？

　夏休み―夏期休暇、祝日―旗日、山登り―登山、若者―老人

Ⅱ. 実践編

Column

日本の苗字トップ100

　日本には12万近い苗字(姓)があるそうです。その中で一番多い方から100の苗字を紹介しましょう*。これらの苗字がある一方で、日本に数家族しか使っていないというような珍しい苗字もあります。苗字の数が多いのも、日本(語)のひとつの特徴です。

1	佐藤	26	石川	51	西村	76	大野
2	鈴木	27	橋本	52	松田	77	丸山
3	高橋	28	小川	53	中野	78	今井
4	田中	29	石井	54	原田	79	大塚
5	渡辺	30	長谷川	55	和田	80	千葉
6	伊藤	31	後藤	56	中山	81	菅原
7	小林	32	斉藤	57	岡本	82	村田
8	中村	33	山下	58	石田	83	武田
9	山本	34	藤田	59	小島	84	新井
10	加藤	35	遠藤	60	内田	85	野口
11	吉田	36	前田	61	森田	86	小山
12	山田	37	岡田	62	工藤	87	増田
13	斎藤	38	近藤	63	横山	88	高田
14	佐佐木	39	青木	64	酒井	89	平野
15	山口	40	村上	65	柴田	90	岩崎
16	松本	41	金子	66	原	91	上野
17	木村	42	三浦	67	藤原	92	佐野
18	井上	43	坂本	68	高木	93	杉山
19	清水	44	福田	69	島田	94	谷口
20	林	45	太田	70	宮崎	95	高野
21	阿部	46	田村	71	菊地	96	松井
22	山崎	47	小野	72	上田	97	野村
23	池田	48	藤井	73	桜井	98	渡部
24	中島	49	竹内	74	安藤	99	河野
25	森	50	中川	75	宮本	100	古川

*金田一春彦他(編)『日本語百科大事典』巻末資料6「日本の苗字ベスト200」より抜粋。

1. ことばの多様性

❻ 漢字の読み方

無理と無事

　日本語の漢字に複数の読み方があるのは、訓読みと音読みのせいだけではありません。ひとつの漢字に、複数の音読みがあることもめずらしくないのです。たとえば、「馬」という漢字には「ば」という読み方と「ま」という読み方があります。両方とも音読みです。競馬（馬の徒競走）は「けいば」、桂馬（将棋の駒の一つ）は「けいま」と読みます。

　馬（ば）：競馬、馬場、馬力、馬車、馬耳東風
　馬（ま）：桂馬、馬塚（人名）、馬込（人名、地名）

　音読みは、中国語から日本語に漢字が取り入れられた時代の、中国語の発音がもとになっています。その音読みに複数の発音があるのは、複数の時期に中国語から日本語へ漢字（を使った言葉）が入ってきたからです[15]。時代によって中国語の発音が違っていたため、複数の音読みが日本語に存在していると考えられています。

　ちなみに、「ま」という発音から「うま」という発音も出てきました。いまでも唇を少し強く閉じて「ま」を発音すると、「うま」という音が聞こえてきます。「うま」と「ま」は文字で書くと違う発音のように見えますが、もとは同じです。似た例に梅（うめ）があります。これも「め」という音読みの発音がもとになっています。

　「馬」以外では、次のような言葉に複数の音読みが見られます。

　万（ばん）：万国博覧会、万里の長城、万全、万事休す、万能
　万（まん）：1万円、万が一、万引き、万病
　美（び）：美人、美化、美食、美容、賛美歌
　美（み）：春美、夏美、友美（人名）
　無（ぶ）：無事、無礼、無愛想（あいそう）、無作法（さほう）
　無（む）：無理、無人、無口、無実、無条件、有無（う）
　武（ぶ）：武士、武将、武道、武術、文武両道
　武（む）：武者、武者震い、武者小路、聖武天皇
　文（ぶん）：文化、文学、文章、文楽、本文、作文、長文、英文
　文（もん）：文句、文様、文殊（じゅ）、文部科学省

　注意深く読むと、バ行とマ行の間で音が変わっていることに気がつきますが、これは偶然ではありません。バ行の音（b）と

15　漢字の発音（漢字音）では漢音（かんおん）と呉音（ごおん）が有名です。漢音は奈良時代から平安時代にかけて遣唐使や渡来人たちによって伝えられたもので、隋や唐の時代の洛陽や長安の発音に基づいています。呉音は漢音より前に伝わった発音で、仏教関係の言葉に多く残っています。

マ行の音(m)は唇を閉じてつくる、よく似た音なのです。中国語の中で、このような音の変化があっても不思議ではありません。日本語の中でも「さびしい〜さみしい」(寂しい)、「さむい〜さぶい」(寒い)のように、バ行とマ行の間で音がかわります。
　漢字の音読みに複数の発音が出てくるのはバ行〜マ行だけではありません。ザ行とナ行の音もよく似ていて、この間でもよく音がかわります。たとえば、「日」という漢字には「にち」と「じつ」のふたつの音読みがあります(「ひ」や「び」は訓読みです)。

　日(にち)：日曜、25日、何日、来日、初日
　日(じつ)：元日、祝日、本日、昨日、当日
　内(ない)：内野、内外、内科、内閣、国内、庄内川
　内(だい)：(神社の)境内、お内裏様[雛人形]
　男(なん)：老若男女、長男、次男、下男
　男(だん)：男女、男子、男児、男性
　二(に)：二十、二枚、二時
　二(じ)：平二、正二、忠二(人名)
　児(に)：小児科
　児(じ)：児童、男児、女児、乳児、育児
　女(にょ)：老若男女、女房
　女(じょ)：女性、女子、女王、王女、男女、美女
　人(にん)：人間、人形、人数、犯人、何人
　人(じん)：人力車、人馬、日本人、韓国人、宇宙人

ここまではb, m, z, nのような子音がかわる例をみてきましたが、aやiのような母音が変わって複数の音読みができる例もあります。たとえば「西」は音読みで「せい」とも「さい」とも読みます。北西という言葉の中では「せい」と読み、関西地方という言葉の中では「さい」と読むのです。このような例をいくつか見てみましょう。

　西(せい, sei)：北西、北北西、南西
　西(さい, sai)：関西地方、西郷隆盛、西条(地名)
　明(めい, mei)：明治、文明、行方不明
　明(みょう, myoo)：明けの明星、明年
　名(めい, mei)：名物、名声、有名、人名
　名(みょう, myoo)：大名、本名、戒名
　益(えき, (y)eki)：利益、有益、損益
　益(やく, yaku)：御利益

1. ことばの多様性

❼ 数字の言葉　39=ありがとう

　日本語ではひらがな、カタカナ、漢字の3種類の文字が使われますが、数字を書くときにも複数の文字が使われます。漢数字とアラビア数字です。漢数字は中国から日本に入ってきた漢字の仲間です。アラビア数字はアラビア人がインド人から受け継いで、ヨーロッパに伝えた文字で、いまでは計算などによく使われています。

漢数字	一、二、三、四、五、六、七、八、九、十
アラビア数字	1, 2, 3, 4, 5, 6, 7, 8, 9, 10

　では数字の読み方（発音）はどうかというと、漢字の2種類の読み方（訓読みと音読み）に加えて、英語の読み方があります。1～10に対して次のような読み方があるのです。漢数字の「二」には、「に」とならんで「じ」という音読みもあります。また「0」という数字には「れい」という音読みと「ゼロ」という英語読みがあります。

II. 実 践 編

	1	2	3	4	5
訓読み	ひとつ、	ふたつ、	みっつ、	よっつ、	いつつ
音読み	いち、	に(じ)、	さん、	し、	ご、
英語読み	ワン、	ツー、	スリー、	フォー、	ファイブ

	6	7	8	9	10
訓読み	むっつ、	ななつ、	やっつ、	ここのつ、	とお
音読み	ろく、	しち、	はち、	く(きゅう)、	じゅう
英語読み	シックス、	セブン、	エイト、	ナイン、	テン

　このように同じ数字に3種類の発音があるというのは、とても珍しいことです。英語では1,2,3を「ワン、ツー、スリー」としか読みません。日本語のような複数の読み方はないのです。

　日本語のこの特徴が力を発揮するのが、数字で言葉を表す方法です。たとえば「みなさん」という言葉を373、「よろしく」を4649、「ごくろうさん」を5963、「ありがとう」を39と表すことができます。373、4649、5963、39という数字を「みなさん」「よろしく」「ごくろうさん」「サンキュー」と読ませるのです。373では最初の3と7が訓読みで最後の3が音読み、4649では最初の4だけ訓読みで、649は音読みです。5963と39はすべて音読みになっています。

　このように日本語では数字がいろいろな発音を持っていますので、数字をならべて、いろいろな意味を表すことができます。特に、電話番号や歴史の年代を覚えるに便利です。たとえば日本航空（日航）という航空会社は、電話番号を次のように読ませています（0120は無料通話の番号です）。2と5を使って「にっこう（日航）」という音を表し、また、5971、5931と数字をならべて、それぞれ「こくない」「こくさい」と読ませているのです。

　　0120-25-5971（日本航空国内線）
　　0120-25-5931（日本航空国際線）

1. ことばの多様性

歴史の年代を覚えるのにも役立ちます。

　　1192作ろう、鎌倉幕府（鎌倉幕府成立1192年）
　　　いいくに
　　1543鉄砲伝来（銃暦、日本に鉄砲が伝わる1543年）
　　　じゅうごよみ　　　　　　じゅうごよみ
　　1549広まるキリスト教（キリスト教の日本伝来1549年）
　　　いごよく

　もうひとつ、数字をうまく使うのがいろいろな記念日です*。たとえば3月3日は3の訓読み（み（っつ））を利用して、「耳（33）の日」と読むことができます。次の例ではどうでしょう。

　　6月4日　　　虫歯予防デー
　　　むし　　　　よぼう
　　8月7日　　　鼻の日、花の日
　　　はな　な
　　毎月29日　　肉の日
　　　　にく
　　8月29日　　焼き肉の日
　　　や　にく

「焼き肉の日」は8の訓読みと2と9の音読みを組み合わせています。では次の記念日は、どのような読み方を組み合わせているかわかりますか？

　　3月9日　　　感謝の日（サンキュウ＝ありがとう）
　　さん きゅう
　　3月10日　　サボテンの日
　　さ てん
　　7月4日　　　梨の日
　　　　　な し
　　7月10日　　納豆の日
　　　　　なっ とう
　　8月9日　　　野球の日
　　　や きゅう
　　8月19日　　俳句の日
　　　はい く
　　10月3日　　登山の日
　　　と さん
　　10月4日　　天使の日
　　　てん し

II. 実 践 編

クイズ

1. 自分の誕生日や家の電話番号は何と読ませますか？

   (例)　3月17日（みんな、いいな）
   　　　37-5151（みんな、来い来い）
   　　　1197（いちいち来るな）

2. 音を使って次の記念日を作るとしたら何月何日にしますか？それぞれの数字は訓読み、音読み、英語読みのどれですか？

   ニンニクの日、パンツの日、富士山の日、ムーミンの日、パイナップルの日、
   自分のクラスの日、自分の学校の日

記念日のクイズ（続編）

1. 次の日は何の記念日でしょう？

   2月2日、2月9日、2月10日、5月6日、5月18日、5月29日、8月19日、
   8月31日、9月29日

   > ヒント：ことばの日、ふとんの日、野菜の日、クリーニングの日、夫婦の日、
   > 　　　　ゴムの日、呉服（和服）の日、服の日、バイクの日

2. 次の記念日は何月何日でしょう（（　　）の中はヒント）？

   風呂の日（いいふろ）、銭湯の日（銭湯＝千と十）、ミントの日、こんにゃくの日（ご、に、く）、
   さやえんどうの日（さや）、庭の日（よいにわ）、救急の日、虫の日（むし）、
   トラックの日（と、く）、トマトの日（と、と）、笑顔の日（笑顔はニコニコ）、
   虹の日（虹は七色）、おでんの日（アツアツのおでんは「ふうふうふう」と息を吹きかけて食べる）、
   おばあさんの日（「おばあさん」は「ばあば」）、いい夫婦の日（いいふうふ）

3. 次の記念日は、いったい何をする日でしょう？

   においの日（2月1日）、頭痛の日（2月2日＝ツー、ツー）、ふたごの日（2月5日）、
   しろの日（4月6日）、虫の日（6月4日）、天使の日（10月4日）

*日本記念日協会の「今日の記念日」http://www.kinenbi.gr.jp/

1. ことばの多様性

Column

日本語のリズム

　日本語のリズムというと、すぐに俳句の五七五や短歌の五七五七七が思い浮かびます。次の俳句を、声を出して読んでみましょう。

> 古池や　かわず*飛び込む　水の音（松尾芭蕉）
> やせがえる　負けるな一茶　これにあり（小林一茶）
> 柿食えば　鐘が鳴るなり　法隆寺（正岡子規）

　「ふ・る・い・け・や...」と指折り数えて、五七五であることを確かめることができます。「法隆寺」も「ほ・う・りゅ・う・じ」と5つに数えることができます。「ほう」と「りゅう」はそれぞれふたつに数えていますが、これは長い母音をふたつに数えるからです。
　では、次の川柳はどうでしょう。川柳は、世の中で起こっていることをユーモアや皮肉を込めてうたった歌で、俳句と同じように五七五のリズムを持っています。

> [小学生の川柳**]
> 日本中　あっちこっちで　たまごっち
> 恐竜の　歯が一本で　大騒ぎ
> 沖縄に　ジェット機戦車　似合わない
> ハローから　バトンタッチで　ニーハオへ [香港返還]

　「一茶」の「っ」と同じように「あっちこっち」や「たまごっち」の「っ」もひとつに数えます。また「戦車」や「バトン」の「ん」もひとつに数えます。「っ」や「ん」もひとつに数えるというのは、日本語では当たり前のことかもしれませんが、世界の言語ではめずらしいことです。特に「っ」は、何も音が出ない状態をしばらく続けなくてはいけません。これは、日本語を勉強する外国人にとってむずかしい発音のひとつで、気をつけないと「たまごっち」が「たまごち」になってしまいます。同様に、「恐竜」「大騒ぎ」も母音をしっかりのばさないと「きょりゅ」「おさわぎ」になってしまいます。次にあげる川柳を声に出して読んで、五七五のリズムを確かめてみましょう。

> [中学生の川柳]
> 人の死を　むだにはしない　ワイドショー
> 長電話　怒った母も　長電話
> お母さん　2パー***あげてよ　おこづかい

II. 実践編

[サラリーマンの川柳****]
　　デジカメの　エサはなんだと　孫に聞く
　　やせてやる!!　コレ食べてから　やせてやる!!
　　『ゴハンよ』と　呼ばれて行けば　タマだった
　　まだ寝てる　帰ってみれば　もう寝てる
　　プロポーズ　あの日にかえって　ことわりたい
　　「課長(かちょう)いる？」　返ったこたえは　「いりません！」
　　たのむから　「何もしないで！」　と部下(ぶか)が言う
　　無駄省(むだはぶ)け　言った私を　皆が見る
　　指示される　上司(じょうし)は息子と　同じ歳(とし)

[お年寄りの川柳*****]
　　あちこちの　骨が鳴るなり　古希古希(こき)と　[古希＝70歳]
　　デパートで　買い物よりも　椅子探(いすさが)し
　　まっすぐに　生きてきたのに　腰(こし)まがる
　　人生の　時間は減るのに　暇(ひま)が増え
　　デザートは　昔ケーキで　今くすり
　　医者と妻　急にやさしくなる不安

　どの川柳が一番おもしろいですか？　自分が気に入った川柳を3つ選んでみましょう。また、身の回りのことをもとにして、自分でも五七五の川柳をつくってみましょう。

---

* かわず＝かえる　　** NHK週刊こどもニュース　　*** パー＝％
**** 第一生命サラリーマン川柳コンクール優秀作　　***** 全国有料老人ホーム協会「シルバー川柳」

2. さまざまな言葉

❶ 同音異義語　このはし、渡るべからず

　有名な一休さんの話に、「このはし、渡るべからず」というのがあります。立て札は「この橋は渡ってはいけない」という意味でしたが、一休さんは「端を歩いてはいけない」の意味にとって、橋の真ん中を歩いて渡りました。このとんち話は「橋」と「端」がともに「はし」と発音されることを利用しています。

　「橋」と「端」のように、**意味は違うけれども発音は同じ**という言葉を、同音異義語と言います。同音異義語は日本語の中にたくさんあります。たとえば1文字なら「歯」と「葉」、「火」と「日」というような例です。これらの言葉は違う漢字を使うことから、発音が同じでも意味が違うことがわかります。

　同音異義語があるのは日本語だけでありません。たとえば英語では、発音も文字（綴り字）も同じになる言葉があります。

　　　bank（バンク）：銀行、（川の）堤防
　　　light（ライト）：光、軽い
　　　right（ライト）：右、正しい
　　　pupil（ピュープル）：生徒、瞳

Ⅱ. 実 践 編

また、発音は同じでも文字が異なるものもあります。

　（サン）：sun（太陽）、son（息子）

　（ミート）：meat（肉）、meet（会う）

　（シー）：sea（海）、see（見る）

日本語の同音異義語には、アクセント（声の高さ）が違うものと、アクセントまで同じものがあります。どちらの場合も、かな文字で書いたら同じになりますが、アクセントが違う場合には実際の発音は違ってきます。標準語では（1）がアクセントも同じ同音異義語、（2）がアクセントで区別できる同音異義語です（「橋／端」や「花／鼻」は、「が」や「を」などの助詞をつけると明確に区別できます）。

(1) 雲（くも）―蜘蛛、五階（ごかい）―誤解、仙台（せんだい）―千台、女装―序奏（じょそう）、
　　お食事券―汚職事件、こぶ取りじいさん―小太りじいさん、
　　薬剤師会―やくざ医師会
(2) 橋―端（はし）―箸、雨―飴（あめ）、花―鼻、佐藤―砂糖、先生―宣誓（せんせい）、
　　高校（こうこう）―孝行、秋田犬―秋田県、人影―火トカゲ

同音異義語のアクセントが違うかどうかは、方言（地域）によって異なります。みなさんが住んでいる地域では（1）と（2）の言葉をアクセントで区別するでしょうか、それとも、まったく同じ発音になってしまうでしょうか。

クイズ
ひらがなをヒントに、同音異義語を考えてみましょう。

え → 柄、□　　　　　　　き → 気、□
し → 死、□　　　　　　　め → 目、□
くも → 蜘蛛（虫）、□　　あめ → 飴、□
はな → 鼻、□　　　　　　しろ → 白、□
かわ → 川、□　　　　　　かみ → 髪、□、□

2. さまざまな言葉

❶ 同音異義語

二人の孫悟空

標準語では、次の同音異義語はアクセントで区別されます[16]。どのように違うか発音してみましょう。次に自分の方言で発音して、アクセントが違うかどうかたしかめてみましょう[17]。

♪ 岩手さん ― 岩手山(さん) ― 岩手産
　四年生 ― 四年制
　試験管(しけんかん) ― 試験官(しけんかん)
　満腹時(まんぷくじ) ― 万福寺(まんぷくじ)
　アマゾン川 ― アマゾン側

同音異義語(表現)の中には、漢字で書いても同じになるものがあります。次の下線部を読んで、(a)と(b)の意味と発音の違いを考えてみましょう[18]。

[16] 詳しくは、窪薗晴夫(2002)『新語はこうして作られる』(岩波書店)のpp.8-10を参照。

[17] 区別されるかどうかは方言によって違います。たとえば鹿児島弁では、これらの同音異義語はアクセントも同じになり、発音上はまったく区別がつきません(いわてさん、よねんせい、しけんかん、まんぷくじ、あまぞんがわ)。

[18] このほかに「日本文学協会」「国民性調査」などの例があります。

Ⅱ. 実践編

（1）a. 孫悟空は孫悟飯と孫悟天のお父さんです。
　　　b. 孫悟空は三蔵法師と一緒に天竺（今のインド）に行った。
（2）a. 湯加減はどうですか？ ── いい加減だ。
　　　b. あの人はいい加減な人です。
（3）a. 猿は昔　人間だったのかもしれない。
　　　b. 私の父は昔人間だった。
（4）a. 日本舞踊協会の本部は東京にあります。
　　　b. アメリカの日本舞踊協会は長い歴史を持っています。
（5）a. このたばこ　臭い。
　　　b. この部屋、たばこ臭い。

　どのペアでも、言葉の切り方によってふたつの意味が出てきます。たとえば(1)の下線部を切らずにひとまとめに読むと昔話の孫悟空の意味になり、「孫」と「悟空」を切って読むと、名字と名前になります。これはドラゴンボールZというアニメの主人公の名前です。(2)～(5)の文でも、下線部をふたつに分けて発音すると(a)になり、ひとまとめに発音すると(b)になります。たとえば、標準語では次のように発音します[19]。

♪（1）a. そん　ごくう
　　　b. そんごくう
（2）a. いい　かげん
　　　b. いいかげん
（3）a. むかし　にんげん
　　　b. むかしにんげん
（4）a. にほん　ぶようきょうかい
　　　b. にほんぶようきょうかい
（5）a. たばこ　くさい
　　　b. たばこくさい

[19] 詳しくは、窪薗晴夫（1998）『音声学・音韻論』（くろしお出版）のpp.116-119を参照。

2. さまざまな言葉

❷ 多義語　円を書く

問：次の図のすべての点を通る円を書きなさい。

日本語に上のようなクイズがあります。算数で円といえば、大きなマル（○）をすぐ思い出しますが、そう考えてしまうと、この問題を解くことはできません。このクイズを解く鍵(かぎ)は、少し頭をやわらかくして、「円」という言葉が持つふたつの意味に気がつくことです。

　　円 ＝ ①○、②「円」という字

②のように考えると、答えはすぐに出てきます。問いの点を結ぶようにして、「円」という漢字を書けばいいのです。

Ⅱ. 実 践 編

　答えを聞くと「なあんだ」と思うかもしれませんが、このクイズはひとつの言葉に複数の意味があることを教えてくれます。実は、私たちが毎日使っている言葉には、複数の意味を持つ言葉（多義語）が少なくないのです。次の文はどうでしょう。

　　ご飯を食べよう。

　この文では、「ご飯」という言葉に複数の意味があります。

　　（1）お腹が空いたから、そろそろご飯を食べよう。
　　（2）今日はパンではなくて、ご飯を食べよう。

　（1）の「ご飯」は朝ご飯、昼ご飯、晩ご飯などの「食事」という意味です。これに対して、（2）の「ご飯」は、「炊いたお米」を指しています。「ご飯」というひとつの言葉が「食事」と「お米」のふたつの意味を持っているのです。「ご飯」はもともと「炊いたお米」という意味でしたが、日本人の食事はお米が中心だったために、「食事」の意味にも使われるようになりました。
　「ご飯」のような多義語は人間の言語にめずらしくありません。たとえば「日」には「お日様、太陽」という意味と「一日」という意味があります。太陽の動きで一日を決めていたことから意味が広がったのです。

　　今朝は6時に日が昇りました。
　　どの日に来たらいいですか？

　「月」という言葉も「お月様」の意味と、一カ月、二カ月というときの「月」があります。お月様の形や動きをもとに一カ月という時間の単位を決めていたことがわかります。

　　今日の月は満月です。
　　3月は、1年の3番目の月です。

2. さまざまな言葉

　「明るい」という言葉はどうでしょう。もともと「太陽の光や灯りで、物がよく見える」という意味ですが、「明るい性格」とか「物事に明るい人」というように、人の性格や特徴を述べるときにも使います。「明るい性格」とは「朗らかな人柄」、「物事に明るい人」とは「物事をよく知っている人」の意味です。「明るい」という言葉が、「朗らか」や「よく知っている」という意味に使われるようになったのです。

　多義語があるのは、もちろん日本語だけではありません。たとえば英語のpicture（ピクチャー）という言葉には、「絵」「写真」「映画」の3つの意味があります。mouth（マウス）には「口」と「河口」（川が海に入るところ）の意味があり、wood（ウッド）にも「木材」と「森」の意味があります。bright（ブライト）には「明るい、光がまぶしい」「頭がいい」「元気がいい」の意味があります。

II. 実 践 編

クイズ

( )に入る表現を ▇ の中から選びましょう。また文の意味を考えてみましょう。

1. 月が出ていないと夜道は（　　　　）。
2. 着物の帯を（　　　　）。
3. 木から落ちて腕の（　　　　）。
4. 鉄棒から落ちて背中に（　　　　）。
5. 土俵から（　　　　）。
6. あの人は性格が（　　　　）。
7. お金が足りずに昨日のパーティーは（　　　　）。
8. 演奏会を成功させるために（　　　　）。
9. 私は法律には（　　　　）。
10. 算数の問題を（　　　　）。
11. 横綱は大関に負けて十日目に（　　　　）。

土がついた、暗い、骨を折った、解いた、足が出た

なぞなぞ*

言葉をうまく使ったなぞなぞです。何問わかるかな？ [答えは巻末]

① 山と谷の間にあるものは何？
② 赤ちゃんにはかけるけど、大人はかけないもの何？
③ いっぱいあっても「ない。」というくだものは何？
④ おどろくと消えてしまうクリって、どんなクリ？
⑤ 水は液体。氷は固体。では、かき氷は何？
⑥ 一人じゃできなくて、食べられないマンジュウって、どんなマンジュウ？
⑦ ビワはビワでも食べられなくて、きれいな色で光っているビワは何？
⑧ おじいさんがマゴをゆでて食べちゃった。食べたの何？
⑨ 1回しかまかなくても、8回まいたというもの何？
⑩ 交差点や横断歩道の近くにいる悪いムシって、どんなムシ？
⑪ 一人じゃ乗れないけど、二人だったら乗れる楽しい車って何？
⑫ 自分の顔の一部で、くちびる以外に自分でかむことができるのはどこ？

*松本ちよし著『なぞなぞ・迷路大発見』（学習まんが ふしぎシリーズ66、小学館）から一部改変。

2. さまざまな言葉

❷ 多義語

先生の卵

意味のひろがりは次のような表現にも見られます。どのペアも、ふたつ目が意味が少し広がった例です。

(1) 私の姉は卵(たまご)の料理が大好きです。
私の姉は先生の卵です。
(2) 本棚を修理するのに金槌(かなづち)を使いました。
私は全然泳げません。金槌なんです。
(3) 川を歩いて渡る時は、深いところを避けて渡ろう。
あの人は賢いから、きっと深い考えがあってやったのだろう。
(4) 私のおじさんはまだ若い。
数字を若い順にならべて下さい。
(5) 風邪を引いて、頭が痛い[20]。
仕事が思うようにいかなくて、頭が痛い。
(6) マット運動のやりすぎで、首が回らない。
借金で首が回らない。

多義語は、「ご飯」や「月」の例からもわかるように、同じ言葉の中でひとつの意味から別の意味が発生することによって生じます。これが多義語が生じる一番普通のケースですが、意味の変化とは別に、言葉の短縮形によって多義語が生じることも珍しくありません[21]。たとえば「バスケット」という外来語は、「かご」を意味する「バスケット」と、「バスケットボール」を略した「バスケット」のふたつの意味を持っています。「バスケットボール」は「バスケット［かご］」と「ボール」が結合した複合語で、ゴールがバスケット［かご］でできていることから、英語で「バスケットボール」と呼ばれるようになりました。それが日本語で「バスケット」と短縮されたのです。その結果、複合語の元になった「バスケット」という言葉と、複合語の短縮形である「バスケット」が同じ形を持つようになりました。

　　バスケット＋ボール　→　（複合語）バスケットボール
　　バスケットボール　　→　（短縮語）バスケット

「バスケットボール」から「バスケット」が出てくるように、

---

[20] 英語でも頭痛（headache）という言葉には、本当の「頭痛」と「困ったこと、悩みの種」という意味があります。

[21] 詳しくは、窪薗晴夫（2002）『新語はこうして作られる』（岩波書店）のpp.151-163を参照。

II. 実践編

複合語の短縮では、後半が消えて前半だけが残るという形が一般的です。たとえば英語から入った「スーパーマーケット」が日本語では「スーパー」になります。前半だけが残ると、短縮語の元になった言葉と同じ形の言葉が生じ、ここに多義語が発生する可能性が生じます。日本語には、このようにしてできた多義語が多数あります[22]。

22 類例：カッター（カッター（ナイフ）、カッター（シャツ））、きつね（狐、きつね（うどん））。

  こうもり：こうもり、こうもり（傘）
  マジック：マジック［＝魔法］、マジック（インキ）
  釣り：釣り［＝魚釣り］、釣り（銭）
  いんげん：隠元［＝お坊さん］、隠元（豆）
  アルツハイマー：アルツハイマー［＝科学者］、アルツハイマー（病）
  オーバー：オーバー［over］、オーバー（コート）

英語にも同じようにしてできた同義語があります。たとえばmini（ミニ）という言葉は「小型の」というもともとの意味と、miniskirt（ミニスカート）の意味を持っています。ふたつ目は、miniskirtが短くなった形です。次の言葉も同じようにしてできました。

  contact（コンタクト）：contact［接触］、contact（lens）［コンタクト（レンズ）］
  Scotch（スコッチ）：Scotch［スコットランドの］、scotch（whisky）［スコッチ（ウイスキー）］

英語では、複合語の前半が消えて同義語が生じるときもあります。そのようにしてできた同義語が、日本語に入ってくることも珍しくありません。たとえば「ウイルス」という言葉は、人体に入って害をなす「ウイルス」と、「コンピューターウイルス」の短縮形である「ウイルス」の両方があります。

  ウイルス：ウイルス、（コンピューター）ウイルス
  カード：カード、（クレジット）カード
  ネット：ネット［網］、（インター）ネット
  ガム：ガム［ゴム］、（チューイン）ガム

2. さまざまな言葉

❸ 複合語　獣と毛虫

次にあげる言葉は、ある基準によって(1)と(2)に分かれています。その基準がわかるでしょうか。

　　(1) 手、足、サッカー、コンピューター
　　(2) 手足、サッカークラブ、コンピュータークラブ

(1)は比較的短い言葉、(2)は長い言葉ですが、(1)と(2)の違いはそれだけではありません。(2)は(1)とは違い、二つの言葉からできています。つまり、(2)は最初からある言葉ではなく、二つの言葉が結びついてできた言葉です。このような言葉を複合語と言います。たとえば「手足」は「手」と「足」という二つの言葉からできています。「手」という言葉を例にとると、「手足」「手袋」「手遊び」「手品」「手鏡」「手みやげ」のように、「手」で始まる複合語と、「右手」「左手」「両手」のように、「手」で終わる複合語があります。

Ⅱ. 実 践 編

　複合語の中には、三つ以上の言葉からできているものもあります。たとえば「小学校」と「弁当箱」はともに漢字3文字で書きますが、「小学校」は「小＋学校」、「弁当箱」は「弁当＋箱」と分けることができます。このように三つの部分からできる複合語には○＋□□という分け方と、○○＋□という分け方の2種類が考えられます。同じように、「紋白蝶（もんしろちょう）」と「尾白鷲（おじろわし）」も作り方が違います。「紋白蝶」は「紋＋白蝶」（紋のついた白蝶）、「尾白鷲」は「尾白＋鷲」（尾が白い鷲）です。

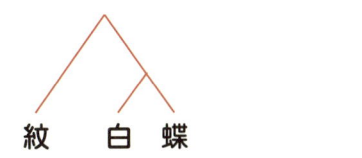

紋　白　蝶　　　　　尾　白　鷲

　まったく同じに見える表現でも、二通りにわけることができるものがあります。たとえば「日本舞踊協会（ぶようきょうかい）」は「日本＋舞踊協会」（日本の舞踊協会）と「日本舞踊＋協会」（日本舞踊の協会）のふたつの意味にとれます。発音にも違いがあり、「日本＋舞踊協会」は「日本」と「舞踊協会」を別々に読む感じで、「日本舞踊＋協会」は全体をひと続きで読む感じで発音します。

日本　舞踊　協会　　　　　日本　舞踊　協会
（日本の舞踊協会） 　　　　（日本舞踊の協会）

　ところで、昔できた複合語の中には、複合語であることがわかりにくくなったものもあります。たとえば、「かみなり」はいまでは雷（かみなり）と書きますが、もともと「神＋鳴り」（神様が鳴る）という意味です。獣もいまでは漢字1文字ですが、もともとは「毛物」、つまり「毛の生えた生き物」です。「毛の生えた虫」はいまでも「毛虫」と2文字で書きますから、「毛＋虫」であることがすぐわかりますが、「雷」や「獣」は漢字1文字で書くようになりましたので、複合語だということがわからなくなってしまいました。そのような言葉はいくつもあります。湖は「水＋海」、筆（ふで）

2. さまざまな言葉

は「文+手」、硯は「墨+すり」、筍は「竹の+子」という複合語でした。

複合語の中には、文字だけでなく発音も少し変わってしまったものもあります。たとえば「瞼」は「目（め）」と「蓋（ふた）」からできています。つまり「目」の「ふた」です。「目」は昔「ま」とも発音していました。「瞼」にその古い発音が残っています。このように、漢字だけでなく言葉の発音が変わってしまうと、ふたつの言葉が結びついたことがますますわかりにくくなります。

同じように発音と文字（漢字）が変わってしまった複合語に「一日」「嘆き」「夫」「雛」などがあります。「一日」は「月の始まり」を意味する「月立ち」に由来します。「嘆き」は「長息」、「夫」は「男+人」、「雛」は「ピヨ（ピヨ鳴く）+こ」です。それぞれ、発音も漢字も変わってしまい、元の意味がわからなくなっています。

クイズ

1. 矢印の右側のヒントをもとに、次の言葉がどのような言葉からできているか想像してみましょう。

蛤（はまぐり）	← 浜+○		一日（ついたち）	← ○+立ち
夫（おっと）	← ○+人		すみれ	← ○+入れ
盥（たらい）	← ○+洗い		服部（はっとり）	← 機+○○
嘆き（なげき）	← 長+○		炎（ほのお）	← ○の+穂
鵯（ひよどり）	← ○○+鳥			

2. 次の複合語を二つ（以上）の部分に分けてみましょう。切れるところは同じでしょうか？また、自分の発音では読み方が同じになるでしょうか？

人影	火トカゲ	秋田県	秋田犬
新学科	神学科	好景気	後継機
汚職事件	お食事券	薬剤師会	やくざ医師会

Ⅱ. 実 践 編

Column

雰囲気は「ふいんき」？

　雰囲気という言葉を知っていますか？　「このレストランは雰囲気がいい」「あのお店は雰囲気がよくない」というように使います。では「雰囲気」は何と発音するでしょう？

　辞書を見ると「ふんいき」と書いてあります。雰が「ふん」、囲が「い」、気が「き」ですから、全部あわせると「ふんいき」となるわけです。特に変わった読み方をしているわけではありませんが、最近若い人たちを中心に、「ふいんき」という発音が増えてきています。「ふんいき」より「ふいんき」の方をよく使うという人も多いようです。

　「ふんいき」と「ふいんき」の違いは、「い」と「ん」が入れ替わったというところにあります。では、どうして「い」と「ん」が入れ替わったのでしょう。「雰囲気」という漢字をあまり書かなくなってしまったからという説があります。そうかもしれません。また、「不人気（ふにんき）」という言葉の影響だという可能性もあります。さらには、「ふんいき」よりも「ふいんき」の方が発音しやすいからだという説もあります。

　どの説も正しいのかもしれませんが、雰囲気には実は先輩（せんぱい）となる言葉があります。「山茶花」という、秋から冬にかけて咲く椿（つばき）科の植物の名前です。もともとは「さんざか」と発音していたのですが、いつの頃からか「さざんか」と呼ばれるようになりました。「雰囲気」の発音も、同じようにして変わっています。「ん」と次の音が入れ替わっているのです。

　　山茶花　さ**ん**ざか → さざ**ん**か
　　雰囲気　ふ**ん**いき → ふい**ん**き

　「雰囲気」を「ふいんき」と発音する人たちは、「「ふんいき」より発音しやすい」とよく言います。どうして発音しやすいのか、そこがことばの研究では問題になるところです。

2. さまざまな言葉

❹ 複合語の語順 「はちみつ」と「みつばち」

　皆さんは上の絵が何を指すかわかりますか？たとえば(1)の絵は「はちみつ」でしょうか「みつばち」でしょうか？

　　　(1)　(a) はちみつ　　(b) みつばち

では(2)～(3)はどうでしょう。

　　　(2)　(a) 猫泥棒　　　(b) 泥棒猫
　　　(3)　(a) 少年野球　　(b) 野球少年

　正解はすべて(b)です。蜜蜂(みつばち)は「蜜をつくる蜂」のことで、蜂の一種です。逆に蜂蜜(はちみつ)は蜜の一種で、「蜂がつくる蜜」のことを指します。泥棒猫(どろぼうねこ)は「泥棒をする猫」で猫の一種、一方、「猫を盗む人」は猫泥棒と言います。「野球をする少年」は野球少年、「少年たちの野球」は少年野球です。これらの言葉に共通しているのは、次のような決まりです。

Ⅱ. 実 践 編

　ふたつの言葉（AとB）が結びついてABという複合語を作るとき、ABはAの一種ではなく、Bの一種となる。

　このように日本語でふたつの言葉が組み合わさったとき、全体の意味（種類）はふたつ目の言葉の意味が決めてくれます。「…休み」は「休み」の種類を表す言葉ですし、「…時計」という言葉はすべて「時計」を表します。

　　　春＋休み、夏＋休み、冬＋休み、試験＋休み　→　「休み」の一種
　　　腕＋時計、壁＋時計、柱＋時計、腹＋時計　　→　「時計」の一種

ところが「ABはBの一種」という決まりは、すべての言語に共通しているわけではありません。英語やアイヌ語は日本語と同じよう決まりが成り立ちますが、イタリア語やタイ語では日本語とは逆の関係が成り立ちます。

英　語	大きい＋お父さん　→　おじいさん	
	本＋店　→　本屋さん	
	携帯＋電話　→　携帯電話	
アイヌ語	大きい＋女　→　おばあさん	
	神＋音　→　かみなり	
イタリア語	魚＋赤　→　金魚	
	電話＋ポケットに入る　→　携帯電話	
	後＋明日　→　明後日	
タイ語	水＋固い　→　氷	
	車＋電気　　→　電車	
	電話＋携帯　→　携帯電話	

　イタリア語では「魚＋赤」が「金魚」の意味になり、タイ語では「車＋電気」で「電車」という言葉ができます。これらの言語では、「ABはAの一種」という法則が成り立つことがわかります。

ためしてみよう　日本語の「コロッケカレー」と「カレーコロッケ」はどのように違うでしょう。それぞれ絵を描いてみましょう。

> ## 2. さまざまな言葉

> ❹ 複合語の語順

山猫と海猫

　日本語や英語、アイヌ語の複合語に「ABはBの一種」という法則があり、イタリア語やタイ語で「ABはAの一種」という法則が成り立つのはなぜでしょう。答えはその言語の語順にあります。

　日本語や英語、アイヌ語では「大きな犬」「きれいな花」のように前の言葉が後ろの言葉を修飾します。そのような語順の言語では、言葉と言葉が結びついて大きな言葉(複合語)をつくるときも、前の言葉が後ろの言葉を修飾するのです。

日本語、英語、アイヌ語の語順
大きな　　　犬
夏　　　　　休み
携帯　　　　電話

　これに対し、イタリア語やタイ語では、「大きな犬」のことを「犬＋大きな」、「きれいな花」のことを「花＋きれいな」と言います。後ろの言葉が前の言葉を修飾するのです。このような語順を持つ言語では、複合語でも後ろの言葉が前の言葉を修飾します[23]。

イタリア語、タイ語の語順
犬　　　　　大きな
休み　　　　夏
電話　　　　携帯

　このように見てみると、日本語で「蜜蜂」がなぜ「蜜」ではなく「蜂」を指すのか、よくわかります。「蜜蜂」は「蜜の蜂」ですから、蜂の一種を表すわけです。このように、日本語の「AB」という複合語には「AのB」というような意味関係が成り立ちます。

[23] 世界の言語では、日本語・英語のような語順を持つ言語とイタリア語・タイ語の語順を持つ言語がおよそ半分ずつをしめると言われています。日本語・英語タイプの言語に、英語の親戚の言語(オランダ語、ドイツ語、デンマーク語、ノルウェー語、スウェーデン語など)やハンガリー語、フィンランド語、中国語などがあり、イタリア語・タイ語のタイプにイタリア語の親戚(スペイン語、ポルトガル語、フランス語、ルーマニア語)やベトナム語、ヘブライ語などがあります。

II. 実践編

　ところで、日本語では「蜂蜜」は蜜の種類、「蜜蜂」は蜂の種類を意味しますが、中にはこの関係が成り立たない言葉もあります。たとえば「山猫」は「猫」ですが、「海猫」は「猫」ではありません。「海猫」は猫のような鳴き声を出す海鳥のことで、鳥の一種です[24]。「ざりがに」も「かに」ではなく、実は「えび」の一種です[25]。「甘納豆」「甘酒」もそれぞれ「納豆」「酒」の種類と言えるかどうか微妙です。

　「蜂蜜」が「蜂の蜜」と同じ意味を持つように「AB」という複合語は「AのB」と同じ意味を持つことが普通です。ところが、複合語（AB）の意味が少し特殊化して、意味がずれてしまったものもあります。たとえば「目薬」と「目の薬」はまったく同じ意味というわけではありません。「目薬」は目にさす点眼薬のことですが、「目の薬」は点眼薬だけでなく、飲み薬を指すこともあります。要は「眼病に効く薬」であれば点眼薬（目薬）であってもなくてもいいのです。同じように、「甘納豆」も「甘い納豆」と同義ではありません。では、次のペアでは、複合語の意味がどのように変わっているでしょうか。

甘い酒 ── 甘酒
赤い電話 ── 赤電話
赤い鉛筆 ── 赤鉛筆
お父さんの子 ── お父さんっ子
軽い石 ── 軽石

[24] 最近では、海で活躍する海上保安官のことを「海猿」と呼ぶようになりました。

[25] 「赤帽」という語は「赤い帽子」のほかに「荷物を運ぶ仕事の人」という意味がありますが、この意味では「赤帽＝帽子の種類」という関係が成り立ちません。英語のredcap（赤帽）という語も「荷物を運ぶ仕事の人」を意味します。

クイズ

次の複合語は、それぞれの言語でどのような意味になるでしょう。下の■から選びましょう。

英語：緑＋家　　アイヌ語：目＋水　　フィンランド語：郵便＋カード
イタリア語：リンゴ＋金の　　タイ語：水＋みかん　　ヘブライ語：ボール＋足

　ヒント：フィンランド語は日本語や英語と同じ語順の言語、ヘブライ語はイタリア語やタイ語と同じ語順の言語です。

はがき、涙、サッカー、トマト、温室、オレンジジュース

2. さまざまな言葉

❺ 複合語の発音　風と風車

次の漢字に読みがなをつけるとしたら、どれが正解でしょう。

風車　(a) かぜくるま
　　　　(b) かざくるま
　　　　(c) かぜぐるま
　　　　(d) かざぐるま

正解は(d)の「かざぐるま」です。「風」はもともと「かぜ」、「車」は「くるま」と発音するのに、「風」と「車」を一緒にしたら「かざぐるま」と読みます。「かぜ」を「かざ」、「くるま」を「ぐるま」と発音するのです。同じように、「雨靴」は「あめくつ」ではなく「あまぐつ」、「酒屋」は「さけや」ではなく「さかや」と読みます。

「くるま」が「ぐるま」になる変化は連濁（れんだく）と呼ばれています。ふたつの言葉が結びついてひとつの大きな言葉（複合語）をつくり出すとき、ふたつ目の最初の音が濁音（だくおん）になる変化です。

　　うみ　　＋　かめ　　→　うみがめ（海亀）
　　うんどう＋　くつ　　→　うんどうぐつ（運動靴）
　　なま　　＋　さかな　→　なまざかな（生魚）
　　ほん　　＋　たな　　→　ほんだな（本棚）
　　くつ　　＋　はこ　　→　くつばこ（靴箱）

連濁は人の名前（姓）にもよく起こりますが、いつでも起こるというわけではありません。連濁が起こる名前と起こらない名前があり、たとえば「山田」はふつう「だ」と濁って読みますが、「柴田」は「た」となります。また「中田」（なかた〜なかだ）、「中島」（なかしま〜なかじま）のように、同じ名前に2通りの読み方があることもあります。

　　田：（...だ）山田、本田、吉田、竹田、島田
　　　　（...た）柴田、永田、富田、藤田、太田

II. 実 践 編

崎：（…ざき）吉崎(よし)、島崎、尾崎、野崎
　　（…さき）柴崎(しば)、長崎、藤崎(ふじ)、大崎

　連濁とならんで、日本語の複合語によく見られるのが母音の変化です。母音とは「あいうえお」(a, i, u, e, o) のことで、「かきくけこ」(ka, ki, ku, ke, ko) はローマ字書きしてみるとわかるように、kとa, i, u, e, oからできています。「風」という言葉の後ろに別の言葉が来て複合語をつくるとき、「かぜ」という読み方と「かざ」という読み方の両方が見られます。「かざ」は「風」の古い読み方です。「雨」も「あめ」と「あま」、「酒」も「さけ」と「さか」の二種類の読み方があります。これらはすべて訓読みです（音読みでは風(ふう)、雨(う)、酒(しゅ)と読みます）。では、次の言葉は何と発音するでしょう。

風：風通し、風あたり、風向き、風下、風間トオル（人の名前）
雨：雨降り、雨模様、雨宿り、雨具、雨漏(も)り
酒：酒飲み、酒造り、酒場、酒蔵(ぐら)、酒盛り

　母音の変化は、「え」(e) と「あ」(a) の間で起こることが普通です。風 (kaz<u>e</u>) が風 (kaz<u>a</u>) となるわけです。では次の言葉は何と読むでしょう。

目（め〜ま）：目頭、目薬；眼差し、目の当たりにする
胸（むね〜むな）：胸焼け、胸囲(まわ)り；胸騒(さわ)ぎ、胸元、胸板
船（ふね〜ふな）：船釣り、船偏(へん)；船旅、船大工(だいく)、船着き場
爪（つめ〜つま）：爪痕(あと)、爪切り；爪先、爪弾(はじ)き

　どの例でも、最初のふたつの言葉と残りの言葉の間で発音が違ってきます。

　ところで、「風」は「かぜ」と発音しても「かざ」と発音しても、風という意味には変わりはありません。しかし「金」の場合は特別で、「かね」と「かな」では意味が違ってきます。「かね」はお金の意味になり、「かな」は金属(きんぞく)の意味になるのがわかるでしょうか。

かね：金持ち、小金井、金づかい、金回り
かな：金具、金物、金棒(ぼう)、金槌(づち)

調べてみよう　自分の名前（姓）は連濁しますか？　先生や友達の名前はどうですか？
20人の名前を書いて、どのくらい連濁するか調べてみましょう。

2. さまざまな言葉

❺ 複合語の発音

「ときどき」と「たびたび」

ふたつ目の言葉の最初が清音であれば、いつでも連濁が起こるというわけではありません。標準語で、次のペアの右側の言葉に連濁が起こらないのはなぜでしょう[26]？

時々（とき<u>ど</u>き） ― 度々（たび<u>た</u>び）
上蓋（うわ<u>ぶ</u>た） ― 赤札（あか<u>ふ</u>だ）
洋菓子（よう<u>が</u>し） ― 山火事（やま<u>か</u>じ）
甘柿（あま<u>が</u>き） ― 合い鍵（あい<u>か</u>ぎ）

「時々」の「とき」が「どき」になるのに、「度々」の「たび」が「だび」にならないのは、後ろに最初から濁音があるからです。「たび」が「だび」になると濁音が続くことになるので、それを避けるために連濁が起こらないと考えられています。

では、次のペアではどうでしょう。ここで右側の言葉が連濁を起こさないのはなぜだと思いますか？

海亀（うみ<u>が</u>め） ― デジタル<u>カ</u>メラ
小判鮫（こばん<u>ざ</u>め） ― 年末<u>セ</u>ール
二枚貝（にまい<u>が</u>い） ― 送別会（そうべつ<u>か</u>い）
渡り鳥（わたり<u>ど</u>り） ― 不死鳥（ふし<u>ちょ</u>う）
ペンペン草（ぺんぺん<u>ぐ</u>さ） ― 月見草（つきみ<u>そ</u>う）
みなし子（みなし<u>ご</u>） ― 琵琶湖（びわ<u>こ</u>）

「カメラ」や「セール」は、カタカナで書いてあることからわかるように外来語です。また「会」「鳥」「草」「湖」はすべて音読みの漢字（つまり漢語）です。これに対し、「亀」「鮫」「貝」「子」などは訓読みの漢字で、日本語に昔からある和語です。和語に比べ外来語や漢語は連濁しにくいと言われています[27]。

---

[26] 窪薗晴夫(1999)『日本語の音声』(岩波書店)第5章、田中真一・窪薗晴夫(1999)『日本語の発音教室』(くろしお出版)第1.3.2節参照。

[27] 外来語でも日本語に定着したものは「いろはガルタ」「雨ガッパ」のように連濁します（「カルタ」と「カッパ」は戦国時代にポルトガル語から入った外来語です）。また漢語にも「文庫本（ぼん）」「白砂糖（ざとう）」「株式会社（がいしゃ）」のように連濁するものがあります。

もちろん和語であれば必ず連濁を起こすわけではありません。次のペアで右側の言葉が連濁を起こさないのはなぜでしょう。

宛名書き — 読み書き、食べず嫌い — 好き嫌い
大食い — 飲み食い、日帰り — 行き帰り

「宛名書き」と「読み書き」の違いは何でしょう。「宛名書き」は「宛名を書く」という意味で、「宛名」は「書き」を修飾しています。一方、「読み書き」は「読み」が「書き」を修飾しているわけではなく、「読んで書く」というように「読む」と「書く」が並んでいます。「好き嫌い」「飲み食い」「行き帰り」も「好きか、嫌いか」、「飲んで食う」「行き、帰り」というようにふたつの言葉が同じ立場で並んでいるのです。このような構造のときには連濁は起こりにくくなります[28]。

[28] ひな祭りの歌に「五人囃子（ごにんばやし）の笛太鼓」という文句がありますが、この「笛太鼓」は「笛（ふえ）と太鼓（たいこ）」の意味ですから「ふえたいこ」となるはずですが、時々「ふえだいこ」と読んでいる歌も聞こえてきます。

クイズ

1. 次の言葉の中で連濁を起こしているのはどれでしょう。濁音になるところをマークしてみましょう。

草木、大橋、浜風、和菓子、大火事、渋柿、ひら仮名、かた仮名、上書き、読み書き、つまみ食い、飲み食い、仕事帰り、行き帰り、二枚貝、忘年会、みなし子、鍵っ子、十和田湖、紅白テープ

2. 次のペアで母音の発音が変わるのはどれでしょう。母音が変わるところをマークしてみましょう。

雨—雨宿り、雨—雨降り小僧、酒—酒好き、酒—酒盛り、お金—金持ち、金—金具、胸—胸焼け、胸—胸騒ぎ、目—目つき、目—眼差し、城—城山

調べてみよう

「白」には「しろ」と「しら」、「火」には「ひ」と「ほ」、「木」には「き」と「こ」という読み方があります。そのように発音する言葉をさがしてみましょう。
（例）白：白色；白鳥
　　　火：火祭り；螢（火＋垂る）
　　　木：木こり；木立ち

2. さまざまな言葉

Column

日本語の濁音

　昔の日本語には濁音で始まる言葉はありませんでした。人間の言語では語頭に濁音が立ちにくいのですが、韓国語や昔の日本語では特にその傾向が強く見られます。日本語で、いまでも訓読みの言葉に濁音で始まる言葉が少ないのはこのためです。これは人名（姓）や地名を考えてみるとすぐわかります。「鎌田、木下、沢田、鈴木、竹田、高田…」や「広島、島根、徳島、熊本…」など、訓読みの名前はいまでも清音で始まります。

　語頭に濁音が生じるルーツはいくつかあります。いくつか代表的なものをあげてみます。

(1) 漢字の音読み
　「後藤、権藤、伴、坂東、伝田」などの人名でも、「岐阜、五反田」などの地名でも、あるいは「学校、辞書、外国、語学」などの普通の名詞でも、音読み（漢語）では濁音で始まる言葉が珍しくありません。

Ⅱ. 実 践 編

(2) 外来語

戦国時代以降、西洋の言語から日本語にたくさんの言葉が入ってきました。その中には濁音で始まる言葉も珍しくありません。

(ポルトガル語) ボタン (釦)
(オランダ語) ガス、ガラス、ゴム、ドンタク、ビール、ズック
(ドイツ語) ガーゼ、ビタミン
(フランス語) デビュー、バレエ、グラタン、ズボン、ブティック、バカンス
(イタリア語) ビオラ、バイオリン
(英　語) ゴール、ゴールド、ダンス、バス、ビーフ、ベースボール

(3) 擬音語・擬態語

音や声をまねて表した言葉を擬音語、身振りや状態を表す言葉を擬態語と言います。擬音語には「がたがた、ごとごと」や「ばたん、がたっ」、擬態語には「ざらざら、だらだら、ぎらぎら、ぐらぐら、びくびく」のように、濁音で始まる言葉が珍しくありません。このうち「さらさら―ざらざら」「するする―ずるずる」「たらたら―だらだら」のように語頭の清音と濁音でペアをなすものでは、濁音の方が不快な感じを持つようです。

言葉の世界では規則を破ると悪い意味が出てくることが多いのですが、「語頭に濁音が立たない」という和語の法則を破ったときも悪いニュアンスが出てきます。「ざらざら」「ずるずる」「だらだら」のような擬態語に出てくる語頭濁音も悪いニュアンスがあり、また「様を見ろ」「その様は何だ」などの「様」、料理用語の「(小麦粉などの) だま」にも同じ傾向が見られます。

これに対し、語中に出てくる濁音にはそのような否定的なニュアンスはありません。語中の濁音はほとんど連濁から出てくるものですが、「うみがめ (海亀)」「とだな (戸棚)」「よしだ (吉田)」「よしざわ (吉沢)」などの言葉に出てくる濁音には悪いニュアンスは含まれないのです。

2. さまざまな言葉

❻ 短縮語　アニメの話

　言葉の中には、長い言葉が縮まってできたものもあります。それらを短縮語あるいは略語と言います。短縮されやすいのは、長くて、よく使われる言葉です。長い言葉の代表が、英語などから入った外来語（カタカナ語）と、言葉を合わせてつくった複合語です。次の外来語の短縮形を考えてみましょう。

> ストライキ、テロリズム、テレビジョン、アニメーション、
> イラストレーション、リハビリテーション

では次の短縮語の元になった言葉は何でしょう。

> チョコ、ヘリ、ダイヤ、サンド、トイレ、ハンカチ

　これらの例から、短縮語をつくるときの法則がわかるでしょうか。「ストライキ」から「スト」、「アニメーション」から「アニメ」、「イラストレーション」から「イラ

ス ト」とくれば、答えは簡単です。元の言葉の頭(あたま)の部分を残しているのです。

ストライキ、アニメーション、イラストレーション

では、なぜ言葉の頭を残すのでしょう。「ストライキ」を「ライ」や「ライキ」、「アニメーション」を「ニメ」や「メーション」と略さないのはなぜでしょう。それは人間が言葉をどのように覚えているかということと関係します。

「「す」で始まる言葉を思い出せ」と言われると「すいか、スカンク、すもう」など、すぐにいくつもの言葉が出てきますが、「「す」で終わる言葉を思い出せ」と言われると、すぐにはたくさん出てきません。このように、私たちは言葉を覚えるとき、最初の音で覚えているのです。これはちょうど国語や英語の辞書と同じです。国語辞典を引くとき、「ストライキ」は「す」、「アニメーション」は「あ」のところで調べます。私たちの頭の中にある辞書にも、最初の音をもとに言葉が並(なら)べてあります。このため、「ライキ」や「メーション」と言ったのでは、すぐに「ストライキ」や「アニメーション」が思い出せないのです。言葉を短くするときに最初の部分を残すのは、短縮される元の言葉がすぐにわかるようにするためなのです。

短縮されるのはカタカナ語だけではありません。人のニックネームにも短縮語が多く見られます。言葉(名前)の最初の部分を残すことが多く、特に、頭のふたつの音(ひらがな2文字分)を残すのが普通です。

さちこちゃん→さっちゃん、のりこちゃん→のりちゃん、のんたん
めぐみ→めぐ(ちゃん)、まさる→まさ(くん)
山口→やま(ちゃん)、野村→のむ(さん)、桜井→さく(さん)

クイズ
次の短縮語の元となった言葉は何でしょう?

プロ、アルミ、バスケ、パンフ、アスパラ、イントロ

調べてみよう
自分や友達のニックネームを考えて、名前がどのように略されているか調べてみましょう。

2. さまざまな言葉

7 複合語の短縮　ポケモンとポケットモンスター

> 1. やっぱりきむたくがすき♡
> 2. オレきむたくににてるでしょ
> 3. キムチとたくわんのことだよ

　次に、複合語の場合を見てみましょう。複合語は言葉と言葉を組み合わせてつくった言葉ですから、全部言うとどうしても長くなります。このため、よく使う複合語はすぐに短縮されます。複合語から短縮形を作る方法には次のようなやり方があります。

　(1)「ポケモン」方式

　　　ポケット・モンスター　→　ポケモン
　　　ラジオ・カセット　　　→　ラジカセ
　　　きむら・たくや　　　　→　きむたく
　　　じゃがたら・いも　　　→　じゃがいも（ジャガタラはいまのジャカルタ（インドネシア））

「ポケット・モンスター」から「ポケモン」をつくるように、それぞれの要素の頭を組み合わせる方法です。

　(2)「ケータイ」方式

　　　けーたい・でんわ　　→　けーたい
　　　バレー・ボール　　　→　バレー
　　　マジック・インク　　→　マジック
　　　がくどう・ほいく　　→　がくどう（学童保育）

「携帯電話」から「ケータイ」をつくるように、最初の言葉を全部残して、後ろの言葉を全部消してしまう方法です。

　(3)「NHK」方式

Ⅱ．実践編

[N]ihon [H]oso [K]yokai → [NHK]（日本放送協会）
[T]okyo [D]isney [L]and → [TDL]（東京ディズニーランド）
[J]apan [R]ailways → [JR]（ジェーアール：Railways＝鉄道）

　NHK（エヌエイチケイ）は「日本放送協会」の短縮形です。日本語をローマ字に直して（[N]ihon [H]oso [K]yokai）、それぞれの要素の最初の文字を組み合わせるとNHKとなります。このようにしてつくる言葉を頭文字語（かしらもじご）と言います。

　（1）のように言葉の頭と頭をつなぎあわせる場合、それぞれの言葉からふたつ音をとるのがふつうです。これは「めぐみ（ちゃん）」から「めぐ（ちゃん）」、「まさる（くん）」から「まさ（くん）」をつくるときと同じやり方です。

　　[めぐ]み　→　めぐ　　　　　[まさ]る　→　まさ

　実は、この「頭の2音を残す」という方法は日本語に古くからある短縮方法です。昔、宮廷に仕えていた女房（にょうぼう）と呼ばれる女性たちは、短くした言葉の前に丁寧（ていねい）を表す「お」をつけました。

　　[でん]がく（田楽）　→　お[でん]　　　[つむ]り（＝頭）　→　お[つむ]
　　[むつ]き　→　お[むつ]　　　　　　　　鳴らし　→　おなら
　　数（かず）々そろえる　→　お[かず]

　いまでも、「寝小便（ねしょうべん）」のことを「おねしょ」、「こたつ」を「おこた」、「さつまいも」を「おさつ」と略しますが、これも昔ながらの短縮方法です。皆さんが「めぐみ（ちゃん）」「まさる（くん）」のことを「めぐ（ちゃん）」「まさ（くん）」というのも、「言葉の最初の2音を残す」という昔からの伝統に従っているのです。

クイズ

次の言葉は複合語の短縮形です。元の言葉は何でしょう？

パソコン、エアコン、リモコン、東芝（とうしば）、肉じゃが、プリクラ、ハリポタ、センチ（cm）、コンタクト、ペット

調べてみよう

次の言葉は（1）〜（3）のどの方法で短縮されるでしょうか。

ファミリー・レストラン、日本赤十字社、天ぷら丼（どんぶり）、スーパー・マーケット、カッター・ナイフ、金メダル、キロ・グラム、ユニバーサルスタジオ・ジャパン、アメリカ合衆国、日本航空

105

2. さまざまな言葉

❼ 複合語の短縮

短縮語：規則の例外[29]

（1）短縮語

　言葉の前半部分を消して後半部分を残す例もあります。たとえば次のような言葉です。

　　（ヘル）メット、（アル）バイト、（友）達、（横）浜、（現）物、（被）害者、（新）聞屋

　若者や、やくざ、警察関係の言葉に多いようですが、それもそのはずで、前半部分を消すことによって、もとの言葉が何であったかをわからなくしているのです。このように仲間内にしかわからない言葉を隠語と言います[30]。

　隠語でない場合には、語頭を残すという短縮語の法則が守られます。たとえば同じ「ヘルメット」という言葉でも、「赤（い）ヘルメット」という複合語を短くする場合には「赤ヘル」となります。「ヘルメット」が「ヘル」となるのです。

（2）複合語句の短縮

　「ポケ（ット）・モン（スター）」のように、語頭の2音ずつを残すのが普通です。このように短縮されて日本語に定着した言葉は数多くあります。

　　八百長：八百屋の・長兵衛[31]
　　アル中：アルコール・中毒[32]
　　経済：経世・済民（世を治め、民を助ける）
　　産経新聞：産業・経済新聞
　　日赤：日本・赤十字社
　　東芝（Toshiba）：東京・芝浦
　　ユニクロ：ユニーク・クローージング（unique clothing）

　語頭の2音ずつをとらない例もいくつかあります。たとえば「ソビエト連邦」は2音＋2音の原則でいくと「ソビ連」となるはずですが、実際には「ソ連」となります。

---

[29] 窪薗晴夫（2002）『新語はこうして作られる』（岩波書店）の第5章を参照。

[30] 短縮語以外にも隠語はあります。たとえばお寿司屋さんでは「ご飯」「しょうゆ」のことを「しゃり」「むらさき」と呼んでいます。

[31] 相撲部屋に出入りしていた八百屋の長兵衛さんが、親方のご機嫌をとるためにわざと碁を負けたというところから、勝負事でいんちきをすることを八百長と呼ぶようになりました。

[32] 「アル中」に似たものに、「自己中」と「せか中」があります。「自己中」は「自己中心的（な人）」の略、「せか中」は「世界の中心で愛を叫ぶ」という映画タイトルの略です。

ソ連（＜ソビエト・連邦）
　　セリーグ（＜セントラル・リーグ）
　　テレカ（＜テレフォン・カード）
　　テレコ（＜テープ・レコーダー）
　あるいは2＋2の原則に従っているように見えて、実際には語頭の2音ずつとっていない例もあります[33]。

　　ブルマン（＜ブルー・マウンテン）
　　サントラ（＜サウンド・トラック）
　　パソコン（＜パーソナル・コンピューター）
　　ミニモニ（＜ミニ・モーニング娘）
　　ハリポタ（＜ハリー・ポッター）

（3）頭文字語

　NHKやJRはアルファベットを利用した頭文字語です。このタイプの頭文字語の元祖と言えるのが「エッチ」という言葉です。この言葉は「変態」という言葉から出てきました。「変態」をローマ字で hentai と書き、その最初の文字（h）を読んで「エッチ」という言葉がつくられたのです。いまでは「変態」と「エッチ」は意味が微妙に違うように思いますが、もとは同じ言葉です。もっとも、1文字だけからなる頭文字語はとても珍しいものです。ふつうは、複合語をそれぞれの要素に分解し、それぞれの頭文字を結合して頭文字語を作ります。日本語でも、NHK, PTA, JR, JT, JA, BS, ATMなどの頭文字語がよく使われています[34]。

---

[33] このタイプの例外には、2番目や4番目の音が長音（ー）や「う」となるものが多いようです。もっとも、「ワード・プロセッサー」は「ワープロ」となり、また「モーニング・娘」は「モー娘」となり、長音をしっかり残します。

[34] 英語にも頭文字語はたくさんあります。MVP（Most Valuable Player＝最優秀選手）、VIP（Very Important Person＝重要人物）などは日本語でも使われています。

2. さまざまな言葉

⑧ 混成語　ゴジラの誕生

　皆さんは「ゴジラ」を知っていますか？ゴジラは映画に出てくる想像上の生き物です。恐竜のようにも見えますが、「ゴジラ」という名前のもとになったのは実は「ゴリラ」と「鯨(くじら)」です。このふたつの言葉をサンドイッチのように重ねて、途中で切ると「ゴジラ」ができあがります。

　(1)　ゴリラ
　　　　　くじら　→　ゴジラ

　同じように「ピアノ」と「ハモニカ」（＝ハーモニカ）から「ピアニカ」という名前（商品名）の楽器（鍵盤(けんばん)ハーモニカ）もできます。

　(2)　ピアノ
　　　　ハモニカ　→　ピアニカ

　「ゴジラ」のもとになった「ゴリラ」と「くじら」はともに生き物です。「ピアニカ」のもとになった「ピアノ」と「ハモニカ」は両方とも楽器です。このように、意味的に似たもの同士を混ぜてつくられた言葉を混成語(こんせいご)といいます。

　「ゴジラ」や「ピアニカ」は、「ポケモン」とつくり方がよく似ているように見えますが、そうではありません。「ポケモン」は(3)のように「ポケットモンスター」という長い言葉を短くした形（短縮語）です。

　(3)　ポケット・モンスター　→　ポケモン

　これに対して、「ゴジラ」や「ピアニカ」には「ゴリラ・くじら」や「ピアノ・ハモニカ」という長い言葉があるわけではありません。「ゴジラ」や「ピアニカ」はもとの言葉がサンドイッチのように重なりあってできるのです。また「ゴジラ」や「ピアニカ」と違い、「ポケモン」のもとになった「ポケット」と「モンスター」は意味的に似ていません。

II. 実 践 編

　混成語は言葉のつくり方でも複合語の短縮とは違っています。「ポケモン」は(3)のように、ふたつの言葉の前半同士をつなげます。これに対して「ゴジラ」や「ピアニカ」は、(1)や(2)からわかるように、ひとつの言葉の前半ともうひとつの言葉の後半をつないでつくります。つまり、「ゴジラ」や「ピアニカ」の中に、このような規則が眠っているのです。

①意味的に似ているもの同士を混ぜる
②ひとつの言葉の前半と、もうひとつの言葉の後半をつなげる

　では、混成語はどのようなところに出てくるでしょう。いくつか例を見ながら、もとになったふたつの言葉を考えてみましょう。＊

　　　　Mr（ミスター）マリック（手品師）＝マジック　×　＿＿リック
　　　　ビニロン（合成繊維）＝ビニール　×　＿＿＿ロン
　　　　ボクササイズ（スポーツ名）＝ボク＿＿＿＿　×　エクササイズ（＝運動）
　　　　リンプー（洗髪剤）：リンス　×　＿＿＿＿プー

　混成語の中には、名詞や動詞として日常的に使われるようになったものもあります。「尾」と「しっぽ」からできた「おっぽ」や、「破る」と「割く」からできた「破く」という言葉がその代表例です。皆さんは紙を「破る」と言いますか、それとも「破く」と言いますか？

　　　お
　　　しっぽ　→　おっぽ　　　　　　やぶる
　　　　　　　　　　　　　　　　　　さく　→　やぶく

クイズ

次の言葉は、あるふたつの言葉が重なりあってできた言葉です。もとになった言葉を想像してみましょう。

　　ヴィッセル（神戸）（サッカーチーム名）＝（　　　　　　）×ヴェッセル
　　ママゴン（怪獣名）＝ママ×（　　　　　）
　　ヒネ（穀物）＝ひえ×（　　　　　）
　　大田（区）（東京の地名）＝（　　　　　　）×蒲田
　　グリコピア＝（　　　　　）×ユートピア
　　ジャビット（ジャイアンツのマスコット）＝ジャイアンツ×（　　　　　　　）

＊：ヒッジ、ナイロン、クサー、シャンプー

2. さまざまな言葉

❽ 混成語

オバタリアン

混成語は私たちの毎日の生活でも自然発生しています。ふたつの言葉が頭の中で混ざってしまい、新しい言葉がつくられるときがあるのです。このような現象を**言い間違い**と言います。言い間違いはそのときだけの現象ですので、言い間違いの混成語が生き延びることはまれです。しかし、言葉のつくり方は「ゴジラ」や「ピアニカ」とまったく同じです。いくつか例を見てみましょう。自分でも知らず知らずのうちに、こんな新語をつくっていませんか？

ねこ × にゃんこ → ねんこ
どうして？× なんで？ → どんで？
タクト × 指揮棒 → たくぼう
洗濯 × そうじ → せいじ
やめて！× しないで！ → やめないで！

漫画の世界でも、堀田かつひこの漫画「オバタリアン」（おばさん×バタリアン）、鳥山明の漫画「ドラゴンボールZ」に登場するベジット（ベジータ×カカロット）やゴテンクス（悟天×トランクス）などの混成語がつくられています[35]。商品名では「レタックス」、「ダスキン」、「バトポン」など、動物名では「イノブタ」、人名で夏目漱石（作家）や小澤征爾（指揮者）が有名です[36]。

レタックス ＝ レタ― × ファックス
ダスキン ＝ ダスト（＝埃）× ぞうきん（雑巾）
バトポン ＝ バトミントン × ピンポン
イノブタ ＝ いのしし × 豚
（夏目）漱石 ＝ 漱水 × 枕石
（小澤）征爾 ＝（板垣）征四郎 ×（石原）完爾
チチロウ ＝ ちち（父）× イチロー
千葉都民 ＝ 千葉県民 × 東京都民

私たちは日常生活で言い間違いとして混成語をつくり出しています。その中には「汚名挽回」（汚名 返上 × 名誉 挽回）のように、間違いだと気づかないで使われているものもあります[37]。

また、ふたつの言葉ではなくふたつの文を混ぜて、混成文の言い間違いをつくることも珍しくありません。

---

[35] ベジータ × カカロット、ごてん × トランクス

[36] 「漱水」は川の流れで口を漱ぐこと、「枕石」は石を枕にすること。板垣征四郎と石原完爾はともに軍人の名前。「チチロウ」は野球のイチロー選手のお父さんのこと。「千葉都民」は、昼間は東京の学校や会社に通っている千葉県民の意味。

[37] 「十本」などの「十」を「じゅっ」と読む発音も、十人の「じゅう(にん)」と十本の「じっ(ぽん)」というふたつの発音が混成されたものです。

II. 実践編

水中の中で目を開ける
　＝水中で目を開ける × 水の中で目を開ける
頭痛が痛い＝頭痛がする × 頭が痛い
次の停車駅は大阪に止まります。
　＝次の停車駅は大阪です × 次は大阪に止まります
東京駅までの所要時間は2時間かかります。
　＝東京駅までの所要時間は2時間です
　　× 東京駅までは2時間かかります
的(まと)を得た質問＝的を射た × 当を得た質問
5千円からお預かりします。
　＝5千円から頂戴(ちょうだい)します × 5千円お預(あず)かりします

　混成語がつくられるのは日本語だけではありません。英語でも混成語がよく使われています。日本語と同じように、意味が似ているふたつの言葉の最初と最後をつなげてつくるのです。

brunch(ブランチ)(朝食兼昼食)＝breakfast(朝食) × lunch(昼食)
smog(スモッグ)＝smoke(煙) × fog(霧)
Oxbridge(オクスブリッジ)(一流大学)＝Oxford × Cambridge
spork(スポーク)(先割れスプーン)＝spoon × fork
liger(ライガー)＝lion(ライオンの雄(おす)) × tiger(虎(とら)の雌(めす))
tigon(タイゴン)＝tiger(虎(とら)の雄) × lion(ライオンの雌)
Bakerloo Line(ベーカールー ライン)(ロンドンの地下鉄路線)＝Baker Street × Waterloo

🍎 クイズ

次のふたつの言葉を混ぜてしまうと、どのような言い間違いが出てくるでしょう？

タクシーに乗る × ハイヤーに乗る	→	（　　　　　）に乗る
ムードがいい × 雰囲気がいい	→	（　　　　　）がいい
年は一つ × 年は一歳	→	年は（　　　）
瀬古(せこ)さん！ × 中山さん！	→	（　　　　　）さん！
全国のファン × 日本中のファン	→	（　　　　　）のファン
ひさびさに会った × ひさしぶりに会った	→	（　　　　）に会った

2. さまざまな言葉

❾ 外来語　ニッポンとジャパン

［コマ1］え、日本って言葉は中国からきたの？／そうよ
［コマ2］そして中国からヨーロッパへ伝わってジャパンとなったんだ／ふ〜ん
［コマ3］ところでパンダという名前は中国語だよね／ちがうよ英語だよ
［コマ4］中国では大熊猫（ターシェンマオ）というんだ！ガオッ／こわっ

　外国語から入ってきた言葉を外来語と言います。日本語の中にはカタカナで書く言葉がたくさんありますが、その多くは、明治時代以降、英語から入ってきた言葉です。たとえば次のような言葉です。

> カード、コンピューター、サッカー、テープ、テレフォン、ハンバーグ、
> バッグ、バット、ベースボール、ピン、ペン、ボール、ライト

　日本語に入ってきた外来語は英語だけではありません。日本語には大昔から、アイヌ語や中国語、朝鮮語など日本の回りにある言語からたくさんの言葉が入ってきました。その中には、いまでもよく使う言葉も珍しくありません。いくつか例をあげてみましょう（「シナ」は「東シナ海」という言葉に残っています）。

Ⅱ. 実 践 編

> （アイヌ語から）　ラッコ、トナカイ、屈斜路＊（＝のど口）、
> 　　　　　　　　知床＊（＝地が突き出たところ）、洞爺＊（＝湖の岸）
> （中国語から）　　茶、シナ、台風、日本
> （朝鮮語から）　　明太、パッチ（＝ももひき）

　中国語から日本語に入ってきた「茶」、「シナ」（＝中国）、「台風」、「日本」という言葉は、中国からヨーロッパの方にも伝わって行きました。英語では「ティー（tea）」、「チャイナ（China）」、「タイフーン（typhoon）」、「ジャパン（Japan）」になっています。「茶」と「ティー」、「日本」と「ジャパン」がそれぞれ同じ言葉から出てきたというのはおもしろいですね。「日」にはいまの日本語でも「にち」と「じつ」というふたつの音読みがありますから、日本（にっぽん）とJapan（ジャパン）がもともと同じ言葉から出てきたというのもうなずけます。

　仏教を通じて古代インドから伝わった言葉もあります。たとえば「あみだくじ」の「あみだ」は仏教用語の阿弥陀に由来します。

> 和尚、阿弥陀、金比羅、奈落（の底）

　織田信長や豊臣秀吉が活躍していた戦国時代には、ヨーロッパから本格的に言葉が入ってくるようになりました。キリスト教を伝えに来たポルトガルの人たちから、次のようなポルトガル語が日本語に入りました。日本語に入って400年以上経ちますので、中には漢字で書くようになったものもあります。「カッパ」は雨の日に着るコート、「ボタン」は服についているボタン、「シャボン」はシャボン玉のシャボンです。「カボチャ」はポルトガル語で「カンボジア」（国の名前）のことです。

> パン、カッパ［合羽］、オルガン、てんぷら［天麩羅］、ボタン［釦］、
> タバコ［煙草］、カルタ［歌留多］、カボチャ、こんぺいとう［金平糖］、
> シャボン、トタン

＊は北海道の地名

2. さまざまな言葉

　江戸時代にはオランダ語から科学用語などが、また江戸時代末期になるとドイツ語から医学用語などがたくさん入ってきました。皆さんが使っている「ランドセル」はオランダ語から、「リュックサック」はドイツ語から入ってきた言葉です。

> （オランダ語）　アルコール、インキ、オルゴール、ガス、ガラス、コーヒー、スコップ、ペンキ、ランドセル、ランプ、レンズ
> （ドイツ語）　アルバイト、アレルギー、カルテ、ガーゼ、ホルモン、ビタミン、リュックサック、ワクチン

　ポルトガル語の「カルタ」と、ドイツ語の「カルテ」、英語の「カード」は、日本語に入ってきた時代は違いますが、ヨーロッパではもともと同じ言葉でした。それぞれの言語で違う発音になっていたものが、日本語に入ってきたのです。

［1］ ぼく コーヒー この名前は オランダ語なんだ　　へえ そうかい
［2］ オレ、ビタミン ドイツ語だぜ　　あら ドイツ！
［3］ あたし グラタン フランス語よ　　オイラ マカロニ イタリア語　　どうも
［4］ いろんな国の名前が ここに集まって めでたいねぇ どれ ひとつ うたうか　　やめて

II. 実 践 編

　明治時代以降に入ってきた外来語には、英語だけではなくフランス語やイタリア語もあります。このふたつの言語からは音楽やファッション、料理関係の言葉が多く入ってきています。

> （フランス語）　グラタン、コンクール、シャンソン、デビュー、
> 　　　　　　　バレエ、バカンス、ブティック
> （イタリア語）　オペラ、チェロ、トリオ、ピアノ、スパゲッティ、
> 　　　　　　　マカロニ、パスタ

クイズ

日本語の中には英語から入った外来語がたくさんあります。次の言葉は外来語で何と言うでしょう？

手、頭、7、10、夏、冬、机、切符、鉛筆、太陽、月、水、手紙

調べてみよう

次の言葉はどの言語から日本語に入ってきたのでしょう。
国語辞典で調べてみましょう。

ガム、ゴム、エネルギー、ズボン、ピザ、カステラ、ラーメン

なぞなぞ*

言葉をうまく使ったなぞなぞです。何問わかるかな？ [答えは巻末]

① 亀のせなかにある飲み物って何だ？
② だれの言うことにも「反対！」って言えない人が好きな飲み物は何？
③ いくら焼いても食べられないパンって、どんなパン？
④ さかさにしても同じ名前で、よっぱらってもいないのに赤い顔の食べ物って何？
⑤ クルミをさかさまにしておいたら、飲み物に変わっちゃった。何に変わった？
⑥ 洋服のまん中にさいている花って、どんな花？
⑦ トラが9匹乗っているのはどんな車？
⑧ 何でもおおげさに話したがる人が着ている服は何？

＊松本ちよし著『なぞなぞ・迷路大発見』(学習まんが ふしぎシリーズ66、小学館) から一部改変。

■■■ 3. 文の仕組み

① 語　順

単語がいくつか集まると文ができます。たとえば、「太郎君」「が」「花子さん」「を」「追いかけた」という5つの単語をそのままの順で並べると、

　(1) 太郎君が花子さんを追いかけた

という文ができます。
　しかし、同じ5つの単語を使っても、並べ方を変えると文にはなりません。たとえば、

　(2) を太郎君追いかけたが花子さん

では、文にはなりません。

II. 実 践 編

　つまり、単語を使って文を作るには、単語の並べ方に決まりがあって、その決まりにしたがわないと、文にはならないのです。単語の並べ方、つまり、順序を、「単語の順序」という意味で、「語順」と言います。また、ことばの決まりを「規則」とか、「ルール」といいます。

> **クイズ**
> 　カードを5枚用意し、「太郎君」「が」「花子さん」「を」「追いかけた」の5つの単語を1枚に1単語ずつ書いてください。
> 　その5枚のカードをいろいろと並べ替えて、それぞれの並べ方で、文になるか、ならないかを調べてみましょう。そして、語順について、どんな決まりがあるのかを考えてみましょう。

こんな語順のものもありましたね。

（3）花子さんが太郎君を追いかけた

これもちゃんとした文です。でも、（1）とは意味が違います。（1）では、太郎君が追いかける人で、花子さんが追いかけられる人です。（3）では逆に、花子さんが追いかける人で、太郎君が追いかけられる人です。

　こんな語順も試してみましたか？

（4）花子さんを太郎君が追いかけた

語順は（1）と違いますが、（4）もちゃんとした文ですね。しかも、その意味も（1）と同じです。

　このように、語順が変ると、文にならなくなったりする（2がその例）するだけでなく、その意味が変ってしまったりすること（3がその例）もあります。しかし、語順を変えても、その意味が変らないこと（4がその例）もあります。

> **クイズ**
> 　（3）のように意味が変ってしまってかまいませんから、上の5枚のカードの並び替えで文となるのはどのような場合かを考えてみましょう。

3. 文の仕組み

　日本語の中にはもともと中国語であった外来語もたくさんあります。その中からつぎのようなものを選んでみました。

　　　(5) 読書　「書（本）を読む」
　　　(6) 投球　「球を投げる」
　　　(7) 開会　「会を開く」
　　　(8) 飲酒　「酒を飲む」

> **クイズ**
> それぞれ左に書いてある、もともと中国からの外来語とその右に「　」で囲んで示した日本語とを比べて何か気がつく点がありませんか？

　語順が逆になっていますね。たとえば、「読書」が「書（を）読（む）」のように、語順が逆になっています。日本語で「～を－する」というところを、中国語では「－　～」と言い表すのです。
　この点では、英語も中国語と同じ語順を使います。

　　　(9) read a book （read＝読む、a book＝本）
　　　　　リード ア ブック
　　　(10) throw a ball （throw＝投げる、a ball＝球、ボール）
　　　　　スロー ア ボール
　　　(11) open a meeting （open＝開く、a meeting＝会、会合）
　　　　　オープン ア ミーティング
　　　(12) drink sake （drink＝飲む、sake＝酒）
　　　　　ドリンク サケ

（英語の発音はおおよその発音をカタカナで示しました。実際の発音はカタカナで表すことはできません。たとえば、sakeは「サキ」に近く発音されます。）
　語順がどの程度重要なのか、また、そもそも、どのような語順が許されるのかは言語ごとに異なっています。ですから、外国語を学習するときには、その言語がどのような語順を使っているのかをしっかりと身につける必要があります。

Ⅱ. 実践編

Column

言語の本性

　本文で出した、5枚のカードを利用したクイズを解いてみると、こんな語順のものが出てきます。

　　(1) **太郎君が追いかけた花子さんを**

なんだかちょっと変な感じはしますが、こうした言い方をすることもありますね。でも、書きことばではあまり使いませんし、「花子さんを」という部分は、「太郎君が追いかけた」と言った後で付け足したような感じもします。いったい、(1)は文と考えていいのでしょうか？

　この問題を解くにはちょっと工夫がいります。まず、(1)のように「ちょっと変な感じ」のしない(2)を考えてみましょう。

　　(2) **太郎君が花子さんを追いかけた。**

さて、そのあとに、

　　(3) **とみんな思っています**

を付け加えてみましょう。

　　(4) **太郎君が花子さんを追いかけたとみんな思っています。**

ちゃんとした文ができました。

　(2)だけではなく、(3)や(4)のような、やはり、「ちょっと変な感じ」のしない文で試しても同じことです。

　　(5) **花子さんを太郎君が追いかけた。**
　　(6) **花子さんが太郎君を追いかけた。**

それぞれに、(3)を付け加えます。

　　(7) **花子さんを太郎君が追いかけたとみんな思っています。**
　　(8) **花子さんが太郎君を追いかけたとみんな思っています。**

今度は、問題の(1)に(3)を付け加えてみましょう。

　　(9) **太郎君が追いかけた花子さんをとみんな思っています**

これはおかしいですね。

　いま試した作業はこのあとの「文を重ねる」で学ぶ仕組みを利用したものです。先取りして、簡単に説明しておきましょう。(3)は基本的に「Xとみんな思っている」という文の形をしています。ただ、Xにあたる部分が欠けています。そこへ(2)(5)(6)のような文を入れると、それぞれ、(4)(7)(8)という文ができます。ところが、(1)を入れると、(9)となって、文としてはおかしなものができてしまいます。

　実は、ある表現が文であるかないかを見極めるときには、それだけを見ているだけでは十分でなく、それを他の文の一部として入れ込んで（これを専門用語で「埋め込む」といいます）みる必要があります。ここでも(1)を(3)の文の一部として埋め込んでみた結果、その正体が浮かび上がりました。つまり、(1)は (2)(5)(6)と異なり、(3)に埋め込むと全体として文にはなりません。この事実から(1)は一人前の文とは認められないと考えることができます。

3. 文の仕組み

❷ 句

　前の章で、単語がいくつか集まると文ができること、ただし、その場合、語順が重要であることをみました。たとえば、

　　(1) 太郎君が花子さんを追いかけた

では、「太郎君」「が」「花子さん」「を」「追いかけた」という5つの単語がその順序で並んで文を作っています。

　さて、それでは文は単語がある順序で一列に並んだ、列車のようなもの（いくつかの車両が一列に並んでいる）ものなのでしょうか。もしそうなら、(1)は(2)のような図でとらえることができます。

(2) 太郎君 － が － 花子さん － を － 追いかけた

クイズ
(2) の図では、「が」がその左側にある「太郎君」とも、その右側にある「花子さん」とも、同じように手を結んでいますね。「が」は「太郎君」あるいは「花子さん」のどちらかと強く結ばれているとは考えられないでしょうか？

　たぶん、みなさんの多くは、「が」と「太郎君」の結びつきの方が、「が」と「花子さん」との結びつきよりも強いと感じているのではないでしょうか。
　その「感じ」を裏づけることもできます。話しことばでは、文の途中に「ね」をさしはさむことがあります。たとえば、(1) の場合であれば、

(3) 太郎君がね、花子さんをね、追いかけた

しかし、「ね」をさしはさむことができるのは (3) で示した場所だけで、それ以外の場所にさしはさむことはできません。

(4) 太郎君ね、が、花子さんを追いかけた
(5) 太郎君が花子さんね、を、追いかけた

この事実は、(4) であれば、「太郎君」と「が」が強く結びついているので、その間に「ね」をさしはさもうとしてもできないと考えることで説明できます。同じように、(5) でも、「花子さん」と「を」が強く結びついているので、その間に「ね」をさしはさもうとしてもできないと考えることで説明できます。
　つまり、(1) は (2) のように5つの単語が一列に並んでいるというだけでなく、「太郎君」と「が」、「花子さん」と「を」が強く結びついているのです。このように結びつきの強い単語同士で作られるまとまりを「句」と呼びます。
　「太郎君」と「が」、「花子さん」と「を」が一体となっていることは次のような事実からもわかります。

3. 文の仕組み

「太郎君」と「が」、「花子さん」と「を」は文の中での場所を変えることができます。

(6) 花子さんを太郎君が追いかけた

これは、「太郎君」と「が」、「花子さん」と「を」の結びつきが強いので、それぞれふたつの単語が一体となって場所を変えることができると考えることで説明がつきます。

また、日本語では、「だれかがだれかを追いかけた」というとき、状況などからだれが追いかけたのかがはっきりしているときは、その部分を省略して、次のように言うことができます。

(7) 花子さんを追いかけた

このとき、「太郎君」と「が」が一体となって省略されています。これも、このふたつの単語の結びつきが強いことを示しています。

また、状況などからだれを追いかけたのかがはっきりしているときは、つぎのように言うことができます。

(7) 太郎君が追いかけた

このとき、「花子さん」と「を」が一体となって省略されています。これも、このふたつの単語の結びつきが強いことを示しています。

いくつかの単語が集まって句をつくることをわかりやすく示すために、たとえば、「太郎君が」であれば、次のようにすることがあります。

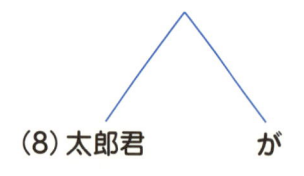

(8) 太郎君　　が

山のような形をしているので、「山を形作る」ということもあります。

山を使うと、(1) は全体として、次のような形になります。

Ⅱ. 実 践 編

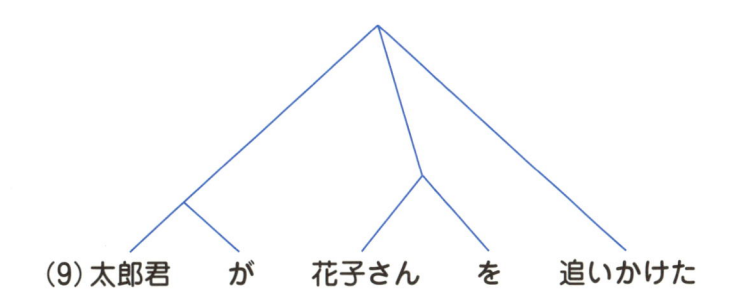

```
                    ╱│╲
                  ╱  │  ╲
                ╱   ╱ ╲   ╲
              ╱   ╱     ╲   ╲
(9) 太郎君   が  花子さん   を   追いかけた
```

　(9) は、「太郎君」と「が」が句を作り、「花子さん」と「を」が句を作り、さらに、その順序で並べられたふたつの句が「追いかけた」と一緒になって、全体の文を作り上げていることを表しています。
　このように、句という山は重ねることができるのです。

> **クイズ**
>
> 次の文はどのような山の重なりからできているでしょう。(9)のような図で示してください。
>
> (1) 次郎君が佐知子さんにハンカチをあげた
> (2) 翔さんが太一君と自転車で公園へ行った

3. 文の仕組み

❸ 文を横並びにする

「おおきなかぶ」というロシアの民話を知っていますか？
　おじいさんとおばあさんが心をこめてかぶを育てました。ある日、そのかぶを掘り出そうとおじいさんはかぶをひっぱりましたが、いくら力をいれてひっぱっても抜けません。そのことを文にすると、こうなりますね。

(1) おじいさんがかぶをひっぱった。でも、抜けません。そこで、おじいさんはおばあさんを呼んで、手伝ってもらうことにしました。おばあさんはおじいさんをひっぱります

(2) おじいさんがかぶをひっぱって、おばあさんがおじいさんをひっぱった。それでも、抜けません。おじいさんはまごを呼びました。まごはおばあさんをひっぱります。

(3) おじいさんがかぶをひっぱって、おばあさんがおじいさんをひっぱって、ま

ごがおばあさんをひっぱった。やっぱりだめです。そこで、おじいさんは、飼っている犬を呼びました。犬はまごをひっぱります。

(4) おじいさんがかぶをひっぱって、おばあさんがおじいさんをひっぱって、まごがおばあさんをひっぱって、犬がまごをひっぱった。どうしても抜けません。そこで、今度は、飼っている猫を呼びました。猫は犬をひっぱります。

(5) おじいさんがかぶをひっぱって、おばあさんがおじいさんをひっぱって、まごがおばあさんをひっぱって、犬がまごをひっぱって、猫が犬をひっぱった。まだ抜けません。しかたなく、おじいさんは家にいるねずみを呼ぶことにしました。ねずみは猫をひっぱります。

(6) おじいさんがかぶをひっぱって、おばあさんがおじいさんをひっぱって、まごがおばあさんをひっぱって、犬がまごをひっぱって、猫が犬をひっぱって、ねずみが猫をひっぱった。みんなで力をあわせます。うんとこしょ。そのときです。おおきなかぶがやっと抜けました。

こんなお話しです。ここで、(1)から(6)の重要なところについて考えてみたいと思います。もう一度、それだけを取り出してみましょう。

(1′) おじいさんがかぶをひっぱった。

(2′) おじいさんがかぶをひっぱって、おばあさんがおじいさんをひっぱった。

(3′) おじいさんがかぶをひっぱって、おばあさんがおじいさんをひっぱって、まごがおばあさんをひっぱった。

(4′) おじいさんがかぶをひっぱって、おばあさんがおじいさんをひっぱって、まごがおばあさんをひっぱって、犬がまごをひっぱった。

(5′) おじいさんがかぶをひっぱって、おばあさんがおじいさんをひっぱって、まごがおばあさんをひっぱって、犬がまごをひっぱって、猫が犬をひっぱった。

(6′) おじいさんがかぶをひっぱって、おばあさんがおじいさんをひっぱって、まごがおばあさんをひっぱって、犬がまごをひっぱって、猫が犬をひっぱって、ねずみが猫をひっぱった。

文がどんどん長くなっていきますね。最初の(1′)以外は、どれも、前の文のあと

3. 文の仕組み

に、新しい文をくわえて、横並びにすることによって長くなっています。たとえば、(2′)はその前の文、つまり、(1′)の「おじいさんがかぶをひっぱった」のあとに、「おばあさんがおじいさんをひっぱった」とつけくわえています。ただ、新しい文をつけくわえるときに、(1′)の最後の部分が「ひっぱって」となり、次に文が続くことがわかるようになっています。

こうして、文がどんどん長くなっていきますが、「おおきなかぶ」のお話しでは(6′)でかぶが抜けて、おしまいになります。(6′)が一番長い文ですね。

でも、このお話しからはなれれば、もっと長い文を作ることができます。

たとえば、

(7) おじいさんがかぶをひっぱって、おばあさんがおじいさんをひっぱって、まごがおばあさんをひっぱって、犬がまごをひっぱって、猫が犬をひっぱって、ねずみが猫をひっぱって、横綱がねずみをひっぱった。

もっと長くだってできます。

(8) おじいさんがかぶをひっぱって、おばあさんがおじいさんをひっぱって、まごがおばあさんをひっぱって、犬がまごをひっぱって、猫が犬をひっぱって、ねずみが猫をひっぱって、横綱がねずみをひっぱって、レスラーが横綱をひっぱった。

もうわかりましたね。こうして文を横並びにすることによって長くするのは、きりがないのです。いくらでも長くすることができるのです。もちろん、あまり長くなってしまうと、わかりにくくなってしまうので、適当なところでいったん文を止めるのがよいのですが、ここで大切なのは、その気になれば、文はいくらでも長くすることができるということです。

クイズ

「おおきなかぶ」のように、文を横並びにすることでどんどん長くなっていく文を使って、お話を作ってください。詩を作っても楽しいかもしれませんね。

Column

チンパンジーの「言語」獲得

　チンパンジーやボノボ(「ピグミー・チンパンジー」とも呼ばれ、一見したところ、チンパンジーのようですが、実は別の生物種です)にことばが獲得できるかどうか、これまでにもいくつかの興味深い試みがなされてきました。初期には、チンパンジーに音声言語(具体的には、音声としての英語でした)を教えようとする試みもありました。しかし、チンパンジーは人間の場合とは違って、口の内側の空間(「口腔」と呼ばれます)が狭く、いろいろな音を区別できるほどに舌を自由に動かせません。試みは失敗に終わりました。しかし、解剖学的な理由から音声言語を身につけることは無理でも、音声を伴わないことば─たとえば、手話─なら、その獲得が可能かもしれません。

　そこで、研究者は、手話(具体的には、アメリカ手話)をチンパンジーに学ばせるという試みをしました。その試みはある程度の成功を収め、かなりの数の「単語」(サイン)を身につけ、さらに、それを組み合わせて「文」を作ることもできることがわかりました。しかし、その後の研究で、チンパンジーが、身につけた「単語」を一定の規則(文法)に従って自由に新たな「文」を作り出すことはできないようだということが明らかになってきました(「ようだ」と書いたのは、「できる」ということは示せても、「できない」ということは示すことができないからです)。日本でも、京都大学霊長類研究所で飼育されているメスのチンパンジーのアイとその息子のアユムなどは、人間よりも優れた記憶の力を持っているかもしれないといわれるほどに高い認知能力を達成することができます。実際、アイもモニター上に表示された絵文字を組み合わせて、一定の範囲で「文」を作ることができるのですが、自由に新たな「文」を作ることはできないようです。また、アメリカではカンジという名のボノボを英語が話されている環境で飼育し、カンジに対しては英語で話しかけ、また、絵文字を使って「話」ができるように訓練しました。カンジはかなり多くの絵文字を身につけましたが、やはり、自由に新たな「文」を理解したり、「話し」たりすることはできません。

　チンパンジーやボノボと人間(生物学的にいえば、「ヒト」、あるいは、「ホモ・サピエンス」)の間の違いはいったいどこにあるのでしょうか。それは本文で取り上げた、ことばの「山」を重ねるという操作ができるか、できないかという点に求められます。その意味で、ことばの「山」を作ることができるというのは人間にとって非常に重要な意味を持っているのです。では、なぜ人には作れる、ことばの「山」をチンパンジーやボノボは作れないのでしょうか。それは脳や遺伝の問題とかかわる、非常に興味深い問題ですが、いまのところ、ほとんど答えが得られていない、これからの重要研究課題なのです。

3. 文の仕組み

❹ 文を重ねる

「おおきなかぶ」の話の続きです。同じ内容の話を次のようにすることもできます。

(1) おじいさんがかぶをひっぱった。でも抜けません。そこで、おじいさんはおばあさんを呼んで、手伝ってもらうことにしました。

(2) おばあさんがひっぱったおじいさんがかぶをひっぱった。でも、抜けません。おじいさんはまごを呼びました。まごはおばあさんをひっぱります。

(3) まごがひっぱったおばあさんがひっぱったおじいさんがかぶをひっぱった。やっぱりだめです。そこで、おじいさんは、飼っている犬を呼びました。犬はまごをひっぱります。

(4) 犬がひっぱったまごがひっぱったおばあさんがひっぱったおじいさんがか

II. 実 践 編

ぶをひっぱった。どうしても抜けません。そこで、今度は、飼っている猫を呼びました。猫は犬をひっぱります。

(5) 猫がひっぱった犬がひっぱったまごがひっぱったおばあさんがひっぱったおじいさんがかぶをひっぱった。まだ、抜けません。しかたなく、おじいさんは家にいるねずみを呼ぶことにしました。ねずみは猫をひっぱります。

(6) ねずみがひっぱった猫がひっぱった犬がひっぱったまごがひっぱったおばあさんがひっぱったおじいさんがかぶをひっぱった。みんなで力をあわせます。うんとこしょ。そのときです。おおきなかぶがやっと抜けました。

こんなお話しになります。ここで、(1) から (6) の重要なところについて考えてみましょう。もう一度、それだけを取り出してみましょう。

(1′) おじいさんがかぶをひっぱった。
(2′) おばあさんがひっぱったおじいさんがかぶをひっぱった。
(3′) まごがひっぱったおばあさんがひっぱったおじいさんがかぶをひっぱった。
(4′) 犬がひっぱったまごがひっぱったおばあさんがひっぱったおじいさんがかぶをひっぱった。
(5′) 猫がひっぱった犬がひっぱったまごがひっぱったおばあさんがひっぱったおじいさんがかぶをひっぱった。
(6′) ねずみがひっぱった猫がひっぱった犬がひっぱったまごがひっぱったおばあさんがひっぱったおじいさんがかぶをひっぱった。

文がどんどん長くなっていきますね。最初の (1′) 以外は、どれも、前の文の前になにかをつけくわえて長くなっています。でも、前の章の場合とは違って、つけくわえているのは、前の文にある単語を説明するための文です。たとえば、(2′) はその前の文、つまり、(1′) にある「おじいさん」のことを説明するのに、「おばあさんがひっぱった」とつけくわえています。

このやり方でも、文がどんどん長くなっていきます。「おおきなかぶ」のお話しでは (6′) でかぶが抜けて、おしまいになります。(6′) が一番長い文ですね。

でも、このお話しからはなれれば、もっと長い文を作ることができます。

3. 文の仕組み

たとえば、

(7) 横綱がひっぱったねずみがひっぱった猫がひっぱった犬がひっぱったまごがひっぱったおばあさんがひっぱったおじいさんがかぶをひっぱった。

もっと長くだってできます。

(8) レスラーがひっぱった横綱がひっぱったねずみがひっぱった猫がひっぱった犬がひっぱったまごがひっぱったおばあさんがひっぱったおじいさんがかぶをひっぱった。

　もうわかりましたね。このやり方で文を長くするのも、きりがないのです。いくらでも長くすることができるのです。もちろん、あまり長くなってしまうと、わかりにくくなってしまうので、適当なところでいったん文を止めるのがよいのですが、ここで大切なのは、その気になれば、文はいくらでも長くすることができるということです。

クイズ

本文でみたやり方で長くなっていく文を使って、お話を作ってください。詩を作ってもかまいません。

Ⅱ. 実 践 編

Column

文と文章

　ふつう、「文」と「文章」は区別されることなく、同じ意味の言葉として使われます。しかし、言語学などでは、次のように区別して使います。

　「文」というのは、「太郎君が花子さんに話しかけました。」のようなまとまりで、書くときには、最後に「。」などの句点が打たれます。

　それに対して、「文章」は文がいくつか集まってまとまった意味をあらわすものを指します。たとえば、「太郎君が花子さんに話しかけました。でも、花子さんは知らん顔です。じつは、なかよしの2人はきのう、学校からの帰り道、けんかをしてしまったのです。」などが文章の例です。

　この本では、主に文の内部についてのことを取り上げていますが、ことばの力を考える上では、文章の仕組みや働きについても考える必要があります。それについては別の本を企画しています。参考書として、三森ゆりか『絵本で育てる情報分析力—論理的に考える力を引き出す』(2002年、一声社)などがあります。

3. 文の仕組み

❺ あいまい文　青い縞模様のシャツ

　文字で書いたときには同じ文になっても、2通りの意味が出てくる場合があります。そのような文をあいまい文と言います。たとえば「青い縞模様のシャツ」は「縞模様が青い」、「シャツが青い」の両方の意味にとることができます。皆さんは「青い縞模様のシャツ」という文を読んで、どちらの絵を想像しますか？　またふたつの意味を区別して読むことができますか？

　「青い縞模様のシャツ」が持っているふたつの意味は、文の途中に読点（,）を打つことによって区別することができます。「シャツが青い」場合には、(a)のように「青い」と「縞模様」の間に読点を打つことができます。「縞模様が青い」場合には、何も読点を打たなくても「縞模様の」と「シャツ」の間に読点を打ってもいいでしょう。読点を打ったところに少しポーズ（間、休止）を入れる感じで読むと、ふたつの意味がしっかり区別できます。

> ♪ (a) 青い、縞模様のシャツ
> 　(b) 青い縞模様のシャツ（または）青い縞模様の、シャツ

　あいまい文の中には、このように文の途中に読点を打つことによって意味を区別できるものが少なくありません。今度はもう少し長い文を見てみましょう。

> 織田信長は死んでいません。

II. 実践編

　この文を見ただけでは織田信長が生きているかどうかわかりません。まだ生きているのか、もう死んだのか、意味があいまいなのです。まったく反対の意味ですが、このふたつの意味も文の中に読点を打つことによって区別できます。(a)では「死んでいません」を切らずに読み、(b)では「死んで」と「いません」の間に少しポーズを入れると、はっきり意味が区別できます。また(a)には「死んでません」といういい方もあります。

> ♪ (a) 織田信長は、（まだ）死んでいません。
> 　(b) 織田信長は、（もう）死んで、いません。

　「アメリカへ出発していません」「東京へ行っていません」という文も、同じようなあいまい文です。では、次の文ではどうでしょう。

> 警察官は自転車で逃げる犯人を追いかけた。

　この文は、「自転車」に乗っていたのが警察官か犯人かというところがあいまいです。「自転車に乗って追いかけた」のであれば、自転車に乗っていたのは警察官ということになり、「自転車に乗って逃げた」のであれば、自転車に乗っていたのは犯人ということになります。最初の意味なら、

> ♪ 警察官は自転車で、逃げる犯人を追いかけた。

となるでしょう。ふたつ目の意味なら、

> ♪ 警察官は、自転車で逃げる犯人を追いかけた。

と書くことができます。実際に発音するときも、読点があるつもりで読むとふたつの文を自然に区別することができます。

クイズ

次の文は、あいまい文です。読点を打って、二つの意味を区別してみましょう。

1 太郎と花子のお母さん
2 あの犬の小屋
3 教室にある本を運んだ。
4 私の姉は東京へ行っていません。
5 あの人には気をつけろと言った。

3. 文の仕組み

❺ あいまい文

ただの水

あいまい文の中には、読点を使っても区別できないものがあります。たとえば「ただの水」という表現には、次のふたつの意味があります[38, 39]。

♪ (a) ジュースかと思ったら、ただの水だった。
　(b) お金取られるかと思ったら、ただの水だった。

(a)の「ただの水」は「水にすぎない」の意味、(b)は「無料の水」の意味です。「ただの」と「水」の間に読点を入れるのは不自然ですし、かりに入れたとしてもふたつの意味は区別できません。しかし、読点は入らなくても2種類の「ただの水」は発音で区別することができます。「ただの」より「水」を強く言えば(a)の意味になり、逆に「水」より「ただの」を強く言うと(b)の意味になります。

　(a) ジュースかと思ったら、ただの水だった。
　(b) お金取られるかと思ったら、ただの水だった。

次に、「見ないでよ」という文を見てみましょう。
私の日記、見ないでよ。
　(a) どうして見たの？　勝手に見ないでよ。
　(b) 明日から日記をつけるけど、勝手に見ないでよ。

同じ「見ないでよ」という文でも、(a)と(b)とでは使う場面が違います。(a)は日記を勝手に見てしまった人に対して使う

---

[38] 田中真一・窪薗晴夫 (1999)『日本語の発音教室』の第4章を参照。

[39] 下の文はインターネットで標準語の発音を聞くことができます

表現で、(b)はこれから見られないように、あらかじめ注意しておく表現です。もう見たのか、いまから見るのかという点が違うのです。

　このふたつの文も言い方で区別できます。(a)では「よ」が低く発音されるのに対し、(b)では同じ「よ」が高く発音されます。最後の「よ」を低く発音するか高く発音するかで、過去のことを言っているのか未来のことを言っているのかという違いが生じるのです。

♪ (a) どうして見たの？ 勝手に見ないで<u>よ</u>。
　 (b) 明日から日記をつけるけど、勝手に見ないで<u>よ</u>。

　最後に、「子どもじゃない」という文を考えてみましょう。この文は「ない」を強調すると「子どもではない」という意味になり、「子ども」を強調すると「まだ子どもだ」という意味になります。読み方によって、まったく反対の意味になってしまうのです。言いかえると、しっかり発音しないと自分がどちらの意味で言っているのか、相手に正しく伝わらなくなってしまいます[40]。

　子どもじゃない。

♪ (a) あの子はもう20歳(はたち)よ。もう子どもじゃ<u>ない</u>（わ）。
　 (b) あの子にはまだ無理よ。まだ<u>子ども</u>じゃない。

[40] 応用問題
Aさん：ねえ、あれ<u>太郎君</u>じゃない？
Bさん：本当だ、あれ<u>太郎君</u>じゃない。
Cさん：ええ？ あれはどう見ても、太郎君じゃ<u>ない</u>。
A／Bさん：本当？ 本当に太郎君じゃ<u>ない</u>？

クイズ

♪ 1．次の文にはふたつの意味があります。それぞれの場面を想像しながら、うまく発音してみましょう。

1 ちゃんと座りなさい。
2 来ないでよ。
3 来ないのよ。
4 お料理、じょうずじゃない。
5 馬鹿じゃないの。
6 かわいい子には旅をさせよ。

2．次のなぞなぞは、文のあいまい性をうまく利用しています。どの部分があいまいか、考えてみましょう。

（問）僕は富士山より高く飛び上がれるよ。どうしてかな。
（答）富士山は飛び上がれないから。

3. 文の仕組み

❻ 文の意味

教室が少しむしあつくなってきたとき、先生が窓ぎわに座っている純子さんに

(1) 窓、あけられるかな？

とおっしゃいました。
　さて、みなさんが純子さんだったら、どうするでしょうか？
　簡単ですよね。窓をあけますね。でも、先生がおっしゃったのは、「窓、あけられるかな」ですから、

II. 実践編

　　(2) はい。

と答えてはどうでしょうか。
　なんだかおかしいですね。(1)は「窓をあけることができるか」とたずねているのではなく、「窓をあけてほしい」とお願いしているのです。
　街でだれかがお父さんに

　　(3) 時計をお持ちですか？

とたずねたら、お父さんはどうするでしょうか？　お父さんが時計を持っていたら、

　　(4) あ、いま、2時15分です。

というように、今の時間を教えてあげるでしょう。

　　(5) はい、(時計を)持っていますよ。

とだけ答えたら、聞いた人は不思議な顔をするでしょう。
　(3)は、普通は「時計を持っているか」とたずねているのではなく、「時間を教えてください」とお願いしているのです。
　(1)や(3)は、「あけられるかな」とか、「お持ちですか」のように、相手になにかをたずねる形をしているのですが、その意味はお願い(依頼)なのです。
　その理由を考えてみましょう。
　(1)の場合、純子さんは窓ぎわに座っているのですから、簡単に窓をあけることができます。そして、そのことは先生もご存じです。ですから、窓をあけることができるかどうかをたずねるはずはありません。それでも、(1)のように、先生はおっしゃったのですから、きっとなにか別のことをおっしゃりたいに違いありません。状況にうまく合うように(1)の意味を考えると、「あなたは窓ぎわに座っているのだから、窓は簡単にあけられる。だから、窓をあけてください」という依頼の意味が出

3. 文の仕組み

てくるのです。

　(3) の場合、街ですれちがった人が、お父さんが時計を持っているかどうかを知りたいとは思えません。ですから、お父さんが時計を持っているかどうかを聞くはずはありません。それでも、街でお父さんに出会った人は (3) のようにいったのですから、なにか別のことを言いたかったに違いありません。(1) の場合と同じように、状況にうまく合うようにその意味を考えると、「あなたは時計をお持ちですか。もしお持ちなら、いまの時間を教えてくれませんか」という依頼の意味が出てくるのです。

　このように、文が実際に意味するところは、その文が使われる状況によって変化し、文字どおりの意味とは違って使われる場合もあるのです。

クイズ

1. 本文の例のように、文が実際に意味するところが、文字どおりの意味とは違っている例を探してください。

2. 「時計をお持ちですか」(＝3) が文字どおりの意味で使われる状況を考えてください。

Ⅱ. 実 践 編

Column

言語使用の創造性

　理論編のBox 5でみたように、私たちがことばを使うことに関して重要なことはそれが創造的な営みである（これを「言語使用の創造性」と呼びます）という点です。「創造的」というのは、これまでふれたことのない表現であっても、状況に合った表現を発話したり、理解したりすることができるということを意味します。

　たとえば、このコラムの冒頭にある「私たちがことばを使うことに関して重要なことはそれが創造的な営みであるという点です」という文をこれまでに目にしたり、耳にしたりした人はいないでしょう。つまり、読者の皆さんはこの文に初めて触れたのですが、日本語を母語とする人であれば、その意味するところを的確に捉えることができます。

　私たちの言語の知識はこのようなことを可能にするようにできているのです。このことからわかることは、少なくとも、私たちの言語の知識は決まり文句などの集合体ではないということです。

　外国語を身につけようとするとき、決まり文句を記憶することも大切ですが、それでできることはきわめて限られています。よく「日常会話程度」という言い方で、決まり文句が使えるようになることを意味することがありますが、決まり文句だけで、「日常会話」をこなすことは不可能です。

　言語使用の創造性を確保するためには、その言語の規則の体系をしっかりと身につけ、それを実際の運用（理解や発話など）に使えるようにしなくてはなりません。この本の理論編でも述べたように、外国語の学習の場合には、まずはその外国語の文法をしっかりと身につけなくてはならないというのはそのためです。

4. ことばの規則と例外

❶ 倍数の法則　ひとつ、ふたつ、3つ

　数字の中に言葉の法則を見つけてみましょう。まず、日本語の数字を1から10まで訓読みで読んでみてください。

　　1, 2, 3, 4, 5, 6, 7, 8, 9, 10

　1, 2, 3…を「いち、に、さん、し…」と数えるのは音読み、つまり昔の中国語の発音をもとにした読み方です。では、日本古来の読み方（訓読み）はどうかというと、次のようになります。

　　ひとつ、ふたつ、みっつ、よっつ、いつつ、
　　むっつ、ななつ、やっつ、ここのつ、とお

物を数えるときは、もう少し簡単にして、

　　ひい、ふう、みい、よう、いつ、むう、なな、やあ、ここのつ、とお

という言い方もあります。昔は1から10までこのように訓読みで数えていました。この数え方の最初の音をひらがなとローマ字で書いてみると、次のようになります。この中に何か音の法則が見つけられるでしょうか。特にローマ字の最初の文字に注目してみて下さい。

　　ひ、ふ、み、よ、い、む、な、や、こ、と
　　<u>h</u>i, <u>h</u>u, <u>m</u>i, <u>y</u>o, <u>i</u>, <u>m</u>u, <u>n</u>a, <u>y</u>a, <u>k</u>o, <u>t</u>o

　そうです。hiとhu, miとmu, yoとyaというように同じ文字が繰り返されていることがわかります。ハ行、マ行、ヤ行の音が2カ所ずつ出てくるのです。どこに繰り返されているか見てみると、次の法則が見えてきます。

　　「<u>ひ</u>とつ」と「<u>ふ</u>たつ」がハ行（h）
　　「<u>み</u>っつ」と「<u>む</u>っつ」がマ行（m）
　　「<u>よ</u>っつ」と「<u>や</u>っつ」がヤ行（y）

　2は1の2倍、6は3の2倍、8は4の2倍ですから、ある数字とその倍数が同じ子音で始まっていることがわかります。古代の日本人が何を考えてこのような繰り返しを作ったのか、いまとなってはわかりませんが、「ひとつ、ふたつ、みっつ…」と何気なし

に数えている数字の中に、このような面白い倍数の法則が隠されているのです。この法則は数字の法則ではなく、数字の読み方に関する言葉（発音）の法則です。

ローマ字で書くと、1と2の関係、2と20の関係も見えてきます。1は「ひとつ」、2は「ふたつ」、20は「はたち」と読むのが昔からの読み方です。

ひとつ―ふたつ―はたち

h<u>i</u>t<u>o</u>tu―h<u>u</u>t<u>a</u>tu―h<u>a</u>t<u>a</u>ti

「ひとつ」はハ行（h）―タ行（t）―タ行（t）という組み合わせでできていますが、それは「ふたつ」と「はたち」も同じです。h や t の音（子音）は同じで、a や i などの音（母音）を入れ替えて言葉をつくっていることがわかります。

数字とは関係ありませんが、同じようなことが次のような言葉にも見られます。ここでも、母音を少し変えて関連した言葉をつくっています。

上げる（ag<u>e</u>ru）―上がる（ag<u>a</u>ru）　　下げる（sag<u>e</u>ru）―下がる（sag<u>a</u>ru）

捨てる（sut<u>e</u>ru）―廃る（sut<u>a</u>ru）　　据える（su<u>e</u>ru）―座る（su<u>wa</u>ru）

雨（am<u>e</u>）―雨宿り（am<u>a</u>yadori）　　風（kaz<u>e</u>）―風車（kaz<u>a</u>guruma）

母音だけ変えて関連した言葉をつくるというのは、日本語以外の言語でも見られます。たとえば英語には単数と複数の区別があり、物がひとつあるときとふたつ以上あるときでは、言葉の形が少し変わります。そのひとつの方法が子音をかえずに母音をかえる方法です。たとえば「足」と「ねずみ」を表す言葉は次のように変化します。日本語の「ひとつ」「ふたつ」「はたち」と同じように、子音を固定したまま母音だけ変えるのです。

フット（foot, 1本の足）―フィート（feet, 複数の足）

マウス（mouse, 1匹のねずみ）―マイス（mice, 2匹以上のねずみ）

クイズ

次の言葉は何と読むでしょう？

紙一重、一足先に行く、一汗かく、二桁、二重瞼、二手に分かれる、三つ編み、三日月、三つどもえ、四つ足、四日市（地名）、四つ角、四つ葉のクローバー、四つん這い、五日市（地名）、五木の子守歌、六つ切り、七転び八起き、春の七草、七色の虹、七尾（地名）、八尾（地名）、八重山（地名）、八百屋、九重部屋（大相撲の部屋の名前）

4. ことばの規則と例外

❶ 倍数の法則

五十六と八十吉

　1〜9は音読みで、「いち、に、さ、し、ご、ろく、しち、はち、きゅう」、訓読みなら「ひとつ、ふたつ、みっつ、よっつ、いつつ、むっつ、ななつ、やっつ、ここのつ」と読みます。では次の数字を音読みと訓読みで読んでみましょう。

　10, 20, 30, 40, 50, 60, 70, 80, 90

　「じゅう、にじゅう、さんじゅう…」という数え方は音読みです。訓読みでは次のように数えます。

　十、二十、三十、四十、五十
　とお　はたち　みそ　よそ　いそ

　「三十」は三そ、「四十」は四そと読むところから、「十」を「そ」と読んでいることがわかります。「三」「四」はそれぞれ「三つ」の「み」、「四つ」の「よ」です。また、五十の五は五つの「い」です。そこまでわかると、六十からあとも読めるようになります。

　六十、七十、八十、九十
　むそ　ななそ　やそ　ここのそ

　つまり、三十〜九十は十の位の数字を読んで、その後に十をつければいいということがわかります。このように、三十から九十までには「…そ」という読み方の規則があることがわかります。これは数字の決まりではなく、言葉（読み方）の決まりです。日や人の名前にも「十」を使ったものがときどき出てきます。

II. 実 践 編

大三十日⁴¹（1年の最後の日、いまでは大晦日と書く）
山本五十六⁴²（昔の軍人）
小錦八十吉⁴³（相撲の力士）
十合伊兵衛（そごう百貨店の創業者）

このように「五十」は「いそ」、「八十」は「やそ」と分解して読めますが、十と二十はそういうふうに分解することができません。二十は「は・たち」でも「はた・ち」でもありません。三十や四十と同じ規則にしたがうと、二は「ふたつ」、十は「そ」ですから、二十は「ふそ」となるはずですが、そのような読み方はせず、二十をまとめて「はたち」と呼ぶのです。十と二十には「...そ」という規則が働かないことがわかります。つまり、十と二十は規則の例外です。このように、言葉の世界にも規則があり、また例外があるのです。

では、次の言葉ではどうなるでしょう。

一人、二人、三人、四人、五人、
六人、七人、八人、九人、十人

読み方は「ひとり、ふたり、さんにん、よにん、ごにん、ろくにん、しちにん（または、ななにん）、はちにん、きゅうにん、じゅうにん」となります。よく見ると、「三人」からあとは「...人」という読み方の規則が働いていることがわかります。「三人」なら「三・人」と分けることができます。最初の数字を読んで、それに人という音読みの言葉を付け加えたらいいのです。

ところが、「一人」と「二人」はそういうわけにはいきません。規則通りに読むと「いち・にん」「に・にん」となるはずですが、そうは読まずに、「ひとり」「ふたり」と読みます。言葉全体を訓読みして一人、二人と読んでいるのです。ここでも、「三十、四十、五十...」の場合と同じように、「三」からあとに規則が働き、「一」と「二」が例外になっています⁴⁴。

もちろん、例外のない場合もあります。「一番、二番、三番...」のように「番」がつく場合や、「一時、二時、三時...」のように「時」がつく場合には、最初から数字と漢字（番、時）をそのまま読めばいいのです。

一番、二番、三番、四番、五番...
一時、二時、三時、四時、五時...

---

41 「三十日」は1カ月の最後の日、「大三十日」は1年の最後の日。

42 お父さんが56歳のときに生まれたので「五十六」という名前がついたと言われています。

43 「小錦八十吉」は人気タレントのコニシキ（コニちゃん）が大相撲の力士だった頃の名前。

44 英語でも11〜19の数字は、eleven, twelve, thirteen, fourteen...のように11と12だけが特別な形で、13以降は...teenという規則的な形になります。また1回、2回、3回というときも、once, twice, three times, four times...のように3以上のところに...timesという規則性が現れます。

4. ことばの規則と例外

❷ 数字の音訓　4月と4人

もう一度、日本語の数字を1から10まで読んでみましょう。

> 1, 2, 3, 4, 5, 6, 7, 8, 9, 10

たぶん「いち、に、さん、し、ご、ろく、しち、はち、きゅう（くう）、じゅう」と読むでしょう。では、これを10から逆に読んでみたらどうなりますか？ 1から読んだときと発音が変わる数字があるはずです。どの数字でしょう？

> 10, 9, 8, 7, 6, 5, 4, 3, 2, 1

多くの人が「じゅう、きゅう、はち、なな、ろく、ご、よん、さん、に、いち」と読むと思います。4と7の発音が変わったのに気づきましたか？

```
        →  し    しち
    1, 2, 3, 4, 5, 6, 7, 8, 9, 10
          よん    なな  ←
```

1から10へ増えていくのを正順（せいじゅん）、逆に10から1へ減っていくのを逆順（ぎゃくじゅん）と言いますが、2や8は、正順で読んでも逆順で読んでも、「に」「はち」です。でも4と7は正順では「し」「しち」と音読みで発音し、逆順では「よん」「なな」と訓読みで発音します。

II. 実践編

　正順の読み方（いち、に、さん、し、ご、ろく、しち、はち、きゅう、じゅう）はすべて音読みですが、逆順になると「4」と「7」だけが音読みから訓読みに読み方を変えるというわけです。このふたつの数字は、それだけ読んだときも4（よん）、7（なな）と訓読みすることが普通ですから、この読み方を逆順に取り入れたことになります。これに対し、2や8は、それだけ読んでも「に」「はち」ですし、正順で読んでも逆順で読んでも、その発音は変わりません。

　ではどうして「4」と「7」だけが音読みから訓読みに変わったのでしょう。7については1の発音とよく似ているので、しっかり区別するために「しち」から「なな」になったと言われています。たしかに「いち」と「しち」はよく似た発音です。「いち」と「なな」ではぜんぜん違いますね。「しち」を「なな」に変えると、「いち」と聞き間違えることはなくなります。

　では、4が「し」から「よん」に変わったのはなぜでしょう？　それは「し」という音が「死」の発音と同じだからだと言われています。つまり、4＝死（し）という等式が働いて、4から人の死を連想（れんそう）するわけです。たしかに、「4人」をそのまま音読みしたら、「死人（しにん）」と同じになってしまいます。4という読み方は、1，2，3，4と正順で数えるときや、「4月」や「四捨五入」のような決まり文句に残っています。かけ算の九九でも4×7＝28をひとつひとつ丁寧に読んだときと、決まり文句のように早く読んだときとで読み方が違いますね。

$$4 \underset{よん}{} \times \underset{かける}{} 7 \underset{なな}{} = 28 \underset{にじゅうはち}{} \qquad 4 \underset{し}{} \cdot 7, \underset{しち}{} \; 28 \underset{にじゅうはち}{}$$

クイズ

1. 次の中で、4を「し」と読むのはどれでしょう。「よん」または「よ（っ）」と読むのはどれでしょう。

40、404、4月4日、4才、4人、4匹、4回、4階、四万十川、小説『二十四の瞳（ひとみ）』、四苦八苦

2. 次の中で、7を「しち」と読むのはどれでしょう。「なな」と読むのはどれでしょう。

70、707、7月7日、7才、7人、7匹、7回、7階、七匹のこやぎ、七五三（子どものお祝い）、7×4＝28（かけ算の九九）、7かける4は28、五七五七七（短歌のリズム）

4. ことばの規則と例外

❸ 二桁(ふたけた)の数字　11と21

> 25は にごでしょ なぜ にじゅうごって 言(い)うの？

> ボクは 見(み)えないけれど ここにいるのさ フフフ……

　数字の読み方を、もうひとつ見てみましょう。次の数字の読み方にはどのような規則が働いているでしょう。

> 25, 34, 49, 55, 62, 78, 81, 93

　25は「に・じゅう＋ご」、34は「さん・じゅう＋よん」と読んでいます。つまり、25は20と5、34は30と4とに分けて読んでいることがわかります。25であれば2×10＋5、つまり□△という二桁(ふたけた)の数字を□×10＋△というように分解して読んでいるのです。数字で書くと次のようになります。

> 25 ＝ 2(に) × 10(じゅう) ＋ 5(ご)
> 34 ＝ 3(さん) × 10(じゅう) ＋ 4(よん)
> □△ ＝ □ × 10 ＋ △

Ⅱ. 実 践 編

　これは数字そのものの決まりではなく、数字を読むときの決まり、つまり言葉の決まりです。では、次の数字はどうでしょう。同じ二桁の数字ですが、この中には「□×10＋△」の規則が働いていないものもあります。どれでしょうか。

> 11, 15, 17, 21, 25, 27, 31, 35, 37...

　そうです。11，15，17です。これらは「に・じゅう＋ご」と同じ規則にしたがうと、「いち・じゅう＋いち」「いち・じゅう＋ご」「いち・じゅう＋なな」となるはずです。

> 11 ＝ 1(いち) × 10(じゅう) ＋ 1(いち)

　ところが実際には「じゅう＋いち」「じゅう＋ご」「じゅう＋なな」と読みます。最初の「いち」の部分を読まずに、省(はぶ)いているのです。

　11から99までの数字の中で「□×10＋△」の規則を破っているのは11〜19までの数字です。20以降は規則をしっかり守っているのに、11〜19は「□×10＋△」という規則の最初の□の部分を省略しています。

　実は、小学校に入学する前の小さな子どもたちは、「いち・じゅう＋いち」「いち・じゅう＋に」「いち・じゅう＋さん」…と、最初の「いち」を省かずに読むことがあります。例外をつくらずに、11〜19にも規則をあてはめているのです。皆さんの中にも、小さいときにこのように数えた人がいるかもしれません。

　では、私たちはどうして11〜19を少し例外扱いしているのでしょうか。小さい子どもたちと同じように、「いち・じゅう＋いち」「いち・じゅう＋に」「いち・じゅう＋さん」…と読んでいいのかもしれませんが、実際にはそうはなりません。「いち・じゅう＋いち」を「じゅう＋いち」と読んでも何の誤解も生じないので、最初の「いち」を省いているのです。

　このように最初を略すことができるのは11〜19だけです。「に・じゅう＋いち」の最初を省いてしまうと「じゅう＋いち」となり、11と同じ読み方になってしまいます。つまり、11なのか21なのかわからなくなってしまいます。このように、11〜19の「いち」を省いているのは、不都合(ふつごう)が生じない範囲で略しているのです。

　同じような省略が日常生活にもあります。バスに乗ったときに整理券をもらう

4. ことばの規則と例外

　ことがありますが、始発のバス停から乗る場合には、よく整理券の配布を省略します。そのバス停だけ省略しても、他のバス停で省略しない限り、誤解や不都合は生じないのです。
　電話番号も同じです。家の電話や公衆電話から電話をかける場合、同じ地域に電話するときは、その地域の番号（市外局番）を省くことができます。たとえば東京都区内から東京都区内に電話する場合には、最初の03という市外局番を省略できます。大阪市内から大阪市内に電話する場合でも最初の06を省くことができます。これが許されるのは、同じ市外局番の地域にかけるときだけです。そのときだけは省略しても不都合は生じないのです。
　バスの整理券や電話番号の場合と同じように、「不都合が生じない範囲で省略する」という省エネの考え方が、11～19の発音にも見られます。

クイズ

次の数字を読んでみましょう。1を読まずにすむのはどこでしょう。

1円、10円、100円、201円、315円、1000円、2110円、1万円、10万円、100万円、1000万円、1億円、1億1111万1111円

Ⅱ. 実践編

*C*olumn

忌み言葉

　いやなことを連想させる言葉を忌み言葉といい、人間のことばには、そのような言葉を避ける傾向があります。病院で14号室や404号室のような4という番号を避けたり、「苦」(苦しみ)を連想させる9の数字を避けるのも同じことです。4という数字だけでなく、人間の死やトイレ、性に関することを避けることが珍しくありません。

　　死ぬ　→　亡くなる、逝く、天国に行く
　　小便　→　おしっこ、お小水
　　寝小便　→　おねしょ
　　大便　→　うんち、うんこ、大きい方
　　便所　→　トイレ　→　お手洗い　→　化粧室
　　下痢をする　→　お腹をこわす
　　(パーティーなどを)終わる　→　お開きにする

　「ありの実」と言えば果物の「梨」のこと、「あたりめ」は「するめ」のことを指します。「梨」は「無し」と連想させ、「するめ」の「する」は「失う」という意味を持っています(たとえば「競馬でする」「財布をすられる」と言います)。悪い意味からいい意味に変えるために、「無し」を「有り」、「する」を「あたる(～あたり)」という反対の意味の言葉に代えたのです。

　　梨＝無し　→　有り　→　ありの実
　　するめ＝する　→　あたりめ

　このような置き換えは音だけでなく文字でも起こります。「鉄」という字は「金」と「失」に分解でき、「金を失う」と読めるので、縁起が悪いとされてきました。町の鉄工所がよく「○○鉃工所」と看板をあげているのはこのためです。「鉄」を「鉃」という擬似漢字に変えて、「金を矢で射る」という縁起のいい意味を持たせているのです。また、「大阪」は昔「大坂」と書いていました。「大坂」から「大阪」という漢字に変わったのも、「坂」という字が「土に返る」(＝死ぬ)という縁起の悪い意味に分解できるからだと言われています。

　忌み言葉があるのは日本語だけではありません。英語や中国語、韓国語でもトイレのことを次のように言い換えるようです。

　　英　語：bathroom(＝お風呂)
　　中国語(台湾)：一号
　　韓国語：一人喫茶

4. ことばの規則と例外

❸ 二桁の数字

1本、2本、3本

「1本、2本、3本…」と数えてみて、「本」の発音が変わることに気がつきますか？同じ「本」でも、1本の「本」は「ぽん」、2本は「ほん」、3本は「ぼん」と発音します。普段何気なく発音していても、「ぽん～ほん～ぼん」という3つの発音を使い分けているのです。では4以上の数字ではどうでしょう。

4本、5本、6本、7本、8本、9本、10本

1本から10本までを「本」の発音で分けてみると次のようになります[45]。

ぽん（pon）：1本，6本，8本，10本
ほん（hon）：2本，4本，5本，7本，9本
ぼん（bon）：3本

3（さん）も4（よん）も「ん」で終わるのに、「本」の発音は違ってきます。今の日本語では「ぽん、ほん、ぼん」に読み分ける基

---

[45] これは助数詞の「本」の発音です。教科書のような「本」を意味する場合にも、「ほん」（絵本、見本）、「ぽん」（文庫本、漫画本）、「ぼん」（合本、完本）の3つの発音があります。

II. 実践編

準がはっきりしませんが、歴史的にはしっかりした規則があります。「いち、に、さん...」というのは漢語の発音（音読み）ですが、もともと子音で終わっていた言葉に「本」がつくと、本（ぽん）と発音します[46]。

  1 (it)、6 (rok)、8 (hat)、10 (zit)

母音で終わっていた言葉に「本」がつくと本（ほん）と発音します。

  2 (ni)、4 (si)、5 (go)、7 (nana)、9 (kyuu)

「ん (n)」で終わる言葉につくと本（ぼん）となります。

  3 (san)

1〜10の中で4（よん）と7（なな）は和語読み（訓読み）です。「4本」の「し」が「よん」に置きかわって「4本」になったものと思われます。
 数字を数えるときの「本」は助数詞と呼ばれるものですが、助数詞の「匹」も「本」と同じように発音が変わります。発音してみましょう。

1匹、2匹、3匹、4匹、5匹、6匹、7匹、8匹、9匹、10匹

 しかし、ハ行の音で始まる助数詞がすべて「本」や「匹」と同じように3つの発音（p〜h〜b）を持つわけではありません。「3」とくっついたときにバ行（ばびぶべぼ）とならずにパ行（ぱぴぷぺぽ）になるものもあります。

1発、2発、3発、4発、5発、6発、7発、8発、9発、10発
1班、2班、3班、4班、5班、6班、7班、8班、9班、10班

---

[46] 1や6は「1本」「6本」の時は「いっ(it)」「ろっ(rok)」という促音（っ）をともなった発音になり、「1台」「6台」の時は「いち(iti)」「ろく(roku)」という発音になります。

4. ことばの規則と例外

❹ 日付の読み方　17日は「じゅうなのか」？

　17日は「じゅうしちにち」または「じゅうななにち」と読みます。「しち」は7の音読み、「なな」はその訓読みです。ところが最近、17日を「じゅうなのか」と読む人がいるそうです。どうしてでしょう。

　「じゅうななにち」と「じゅうなのか」の違いは、「17日」をどのように切るかというところから出てきます。

> 17（じゅうなな）＋日（にち）
> 10（じゅう）＋7日（なのか）

　「17日」はもともと「17番目の日」という意味ですから、「17＋日」と分けて「じゅうしちにち」または「じゅうななにち」と読むのが自然です。ところが「10＋7日」というように分けると、17日が「じゅう＋なのか」となります。7日は「なのか」ですから、17日は「じゅうなのか」となってしまうわけです。

　このように、「じゅうなのか」は17日をこれまでとは違うところで分けてしまった結果ですが、このように読むのが完全に間違っているかというとそういうわけでもなさそうです。たとえば14日は「じゅうよっか」、24日は「にじゅうよっか」と発音します。この発音は14日、24日を「10（じゅう）＋4日（よっか）」、「20（にじゅう）＋4日（よっか）」と分けた読み方です。「14＋日」という分け方であれば「じゅうよんにち」と読むことになります。

> 14日＝14＋日＝じゅうよん・にち
> 14日＝10＋4日＝じゅう・よっか

　14日を「10＋4日」と分けて読むのであれば、17日も「10＋7日」と分けて「じゅうなのか」と読んでもよさそうなものです。その理屈で行くと、11日、12日、13日も次のようになってしまいます。

> 11日＝10＋1日＝じゅう・ついたち
> 12日＝10＋2日＝じゅう・ふつか
> 13日＝10＋3日＝じゅう・みっか

　このような読み方にならないのは、もともとの意味に従って「11＋日」、「12＋日」、「13＋日」と切っているからです。まだ「10＋4日」「20＋4日」のような分け方が普通ではないということになります。結局、いまのところ例外的な読み方をしているのは14日と24日だけのようです。

> 11日＝11＋日＝じゅういち・にち　　12日＝12＋日＝じゅうに・にち
> 13日＝13＋日＝じゅうさん・にち　　14日＝10＋4日＝じゅう・よっか
> 15日＝15＋日＝じゅうご・にち

　14日（じゅう・よっか）のような読み方は英語にもあります。英語では1日をfirst（ファースト）、2日をsecond（セカンド）、3日をthird（サード）と言いますが、21日、22日、23日、31日は次のように言います。

> 21日＝20＋1日＝twenty-first（トゥウェンティ・ファースト）
> 22日＝20＋2日＝twenty-second（トゥウェンティ・セカンド）
> 23日＝20＋3日＝twenty-third（トゥウェンティ・サード）
> 31日＝30＋1日＝thirty-first（サーティ・ファースト）

　21日のことを英語では「20日（twenty）＋1日（first）」と分けているわけです。日本語にたとえてみると、21日を「にじゅう・ついたち」、22日を「にじゅう・ふつか」、23日を「にじゅう・みっか」と言うようなものです。

　もっとも英語でもこれが普通というわけではありません。このようになるのは上の4つの日だけで、たとえば11日、12日、13日は日本語と同じように区切ります（th（ス）は「…番目（の日）」という意味です）。

> 11日＝11＋日＝eleventh（イレブンス）
> 12日＝12＋日＝twelfth（トゥウェルフス）
> 13日＝13＋日＝thirteenth（サーティーンス）

Column

絵本と文庫本

　次の言葉はすべて「本」を表す言葉ですが、実際に何と読むでしょう？

　　絵本、見本、赤本、黒本、文庫本、漫画本、カラー本

　絵本や見本は「本」を「ほん」と読み、文庫本や漫画本は「ぽん」と読むのに気がついたでしょうか。では「本」を「ほん」と「ぽん」に読み分ける基準は何でしょうか。和語、漢語、外来語の違いではなさそうです。「絵」も「文庫」も漢語（音読み）ですが、絵本は「えほん」、文庫本は「ぶんこぽん」になります。では、漢字1文字か2文字かという違いでしょうか。たしかに「絵、見、赤、黒」は漢字1文字で、「文庫、漫画」は漢字2文字からできています。でもそうなると、「カラー」は漢字でもないのに「カラー本（ぽん）」となります。あるいは「紫」はどうでしょう。「紫本」は「むらさきほん」でしょうか、「むらさきぽん」でしょうか。はじめて見る言葉ですが、多くの人は「紫本（むらさきぽん）」と発音するはずです。だとすると、「紫」は漢字1文字なのに「ほん」でなく「ぽん」と発音するということになります。

　ここまで考えると、答えが出るかもしれません。本を「ほん」と読むか「ぽん」と読むかは、前の言葉の長さで決まるようなのです。「本」の前の言葉が、かな文字で書いて2文字までの長さだと「…ほん」と読み、3文字以上の長さだと「…ぽん」と読むという規則が見えてきます。色を表す言葉で確かめてみましょう。

　　茶本（ちゃ）、白本（しろ）、青本（あお）、緑本（みどり）、ピンク本、グレー本、オレンジ本

　全部はじめて見る言葉だと思いますが、「茶本」から「青本」までが「ほん」、「緑本」からあとが「ぽん」になりませんか？

II. 実 践 編

Column

句と文節

　「句」の章で、句の区切りを見つける方法として、「ね」をさしはさめるかどうかというテストの話をしました。このテストは学校の国語の教科書などでも紹介されています。ただ、そうして区切られる単語のまとまりは「句」ではなく、「文節」と呼ばれています。「文節」という考え方も「句」同様、文は単語が一列に並んでできているだけではない、という重要な考えを反映したものです。しかし、「山を重ねる」でみたように、句はより大きな句の一部となり、さらに、それがもっと大きな句の一部となる、という具合に、どんどんと大きなまとまりを形作っていくのです。「文節」という考え方では、その性質をとらえることができません（理論編Box 4を参照）。そこで、この本では、「文節」ではなく、「句」という考え方を採っているのです。

　「山を重ねる」、つまり、句が幾重にも重なって文を作るという考え方は現在ではほとんどの言語学者が採っているものです。ただ、それをどのように表記するかはさまざまです。山方式で書けば、(1)のようになるところを、(2)のように [ ]で囲んで表記することもできます。

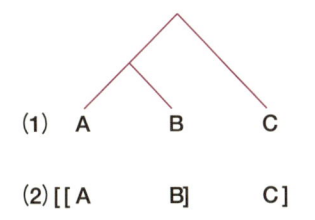

(1)　　A　　B　　C

(2) [[A　　B]　　C]

　(1)のような山方式は「生成文法」と呼ばれる言語理論の教科書や論文に多用されるため、公開授業などで、「山を重ねる」ことを持ち出すと、「生成文法を教えようとしている」と誤解されることがよくあります。

　それは表記法の表面だけを見ての話です。子どもたちに気づいて欲しいのは、単語のまとまりが次第次第に大きくなって、全体として文を作るという点です。山方式は直感的にもかなりわかりやすいですし、事実、これまでの実践授業でも小学校高学年になれば、十分に理解できることがわかっています。しかし、この方式にこだわる必要はなく、もっと適切な方式が開発できれば、それに越したことはありません。そんな方式が見つかった場合はぜひ、私たちにも教えてください。

　「山を重ねる」という考え方は言語理論研究の成果を背景にしてはいます（実際、この本全体がそうです）が、この本で提示されている考えは言語理論そのものを子どもたちに教えるというものではありません。言語理論の成果を基盤に、子どもたちにことばの豊かさや奥深さを気づかせる試みであるのです。理論編の注19、29も参照してください。

5. 言語の個性とことばの特性

言語の個性とことばの特性

「世界の言語と日本語」で触れたように、世界にはおよそ6,000の言語があると言われています。日本語や英語もその中のひとつです。そのほかにも、スワヒリ語（アフリカの中部や東部で広く使われている言語）のように私たちがほとんど耳にしたことのないような言語もありますし、日本手話とか、アメリカ手話のように、音声を持たない言語もあります。

いま、スワヒリ語の話をしましたが、この言語に触れたことがない人（この本の読者のほとんどがそうだと思います）にはスワヒリ語の会話を耳にしてもなにをいっているのか、（ジェスチャーや表情などから、ちょっとは推測できるかもしれませんが）ほとんどわかりません。このように、世界の言語はそれぞれが違っているのです。個性を持っているといってもよいでしょう。

II. 実 践 編

　世界の言語のひとつひとつが個性を持っていますから、全体としてことばを見たときには、ずいぶんいろいろな姿になっていることがわかります。ことばの持つ、この性質を「多様性」（言語は多様な姿をとることができるという性質）といいます。

　では、たとえば、日本語と英語はまったく共通点を持たない、異なった種類のものなのでしょうか？　実はそうではないのです。日本語も、英語も、そして、それだけでなく、スワヒリ語も、日本手話も、みんな共通した性質を持っていて、それを基盤にして、それぞれの姿になっているのです。どの言語にも共通した性質を「普遍性」といいます。

　日本語と英語を比べただけでも、ずいぶん違っているのに、普遍性があると言われても、すぐには納得がいきませんね。それは自然なことです。それなのに、どうして普遍性があると考えるのか、順を追って説明しましょう。

　みなさんは日本語を使うことができます。読んだり、書いたり、聞いたり、話したりできます。どうして、そんなことができるようになったと思いますか？　それは、みなさんが生まれてから成長していくときに日本語に触れていたからです。学校で習う国語の時間には日本語について勉強しますが、小学校へ入学するまでに、みなさんは日本語をある程度きちんと使えるようになっていましたね。国語の時間に習ったから、日本語が使えるようになったということではないのです。みなさんにとっての日本語のように、生まれてから耳にしているうちに自然に身についた言語を「母語」といいます。

　ここでちょっと寄り道をします。みなさんの中には日本語以外が母語の人もいますね。その人はこの話の中に出てくる「日本語」という部分を、たとえば、「中国語」のように、みなさん自身の母語に換えて読んでください。

　話の続きに戻りましょう。ちょっと想像してほしいのですが、もしみなさんが、何かの事情で、生まれた直後から、まわりで英語が使われているところで育ったとします。その場合、何語が母語になったと思いますか？　英語です。お父さんやお母さんが日本語を話す人（日本語を母語とする人）であっても、みなさんが英語が使われているところで育てば、日本語ではなく、英語が母語になります。

　同じように、生まれた直後から、スワヒリ語が使われているところで育てば、スワヒリ語が母語になったはずです。日本手話でも同じです。

5. 言語の個性とことばの特性

　つまり、私たち人間は、生まれつき、何語が母語になるのか決められているわけではないのです。育っていくときに耳にする言語が母語になるのです。別の言い方をすると、人間は、生まれたときには、何語でも母語として身につけることができる可能性を持っているのです。ここで、もし、日本語も、英語も、スワヒリ語も、日本手話も、それぞれがまったく種類が違うものであったら、どうでしょうか。全部で6000もある言語がひとつひとつ種類が違っていたら、どうでしょうか。6000もの、それぞれ種類が違う言語のどれに触れることになるのか、これは生まれてから決まることですから、生まれてきたときにはどの言語にも対処できる準備ができていなくはなりませんね。いろいろな面で優れた力を発揮することができる人間であっても、これはちょっと大変すぎます。

　では、普遍性があるとしたら、どうでしょうか。ひとつひとつの言語は異なっているけれども、種類はひとつと考えるのです。ちょっとむずかしいかもしれませんね。例を考えてみましょう。

　「複合語の発音」で、母音と子音の話をしましたね。日本語の「あ、い、う、え、お」にあたるのが母音で、それ以外の音が子音です。日本語だけでなく、英語でも、スワヒリ語でも、母音と子音があり、それらを組み合わせて単語を作ります。ただ、言語によって、どの母音を使うか、どの子音を使うか、そして、母音と子音をどう組み合わせて単語を作るかという点が異なっているのです。母音と子音という普遍的な区別の上に、どの母音と子音を使うか、それらをどう組み合わせるかという点で、それぞれの言語の個性を出すのです。

　「2種類のローマ字」のところでやったことを思い出してください。日本語では、a, i, u, e, oという5つの母音をそれだけで使うか、あるいは、ひとつの子音と組み合わせて使う（たとえば、ka, sa, ta, na）かのいずれかです。子音がつながって出てきたり、「ん」以外の子音で単語が終わったりすることはありません。それが日本語の個性なのです。しかし、英語では、子音がつながって出てくることも、子音で単語が終わることもありえるのです。

Ⅱ. 実 践 編

　「ストロング」という単語を聞いたことがある人も多いでしょう。「強い」とか、「頑丈な」という意味の単語です。これをローマ字にすると、

　　(1) sutorongu

となります。想像できると思いますが、この単語はもともと英語から取り入れたものです。もとの英単語は、

　　(2) strong

です。(1)には(2)にない母音が入っているのがわかりますね。

　　(3) s_utorong_u

　これは、(2)のままでは日本語の個性にあわないので、(3)のようにして、「子音＋母音」という日本語の個性にあわせた結果なのです。
　「文の仕組み」のところで、語順、句、文を横並びにすること、文を重ねることについて考えましたね。これらの仕組みも日本語だけでなく、人間のことばに共通した性質、つまり、普遍性の一部なのです。ただ、これらの仕組みをどのように使うかによって、いろいろな言語の個性（多様性）が生まれてくるのです。

クイズ

「外来語」のところでいろいろな外来語を考えましたね。今回は、もともと英語の外来語をできるだけたくさん探してください。そして、それぞれがもともとどんな発音であったのか、調べてみましょう。そして、もともとの発音と外来語としての発音にどんな違いがあるか、考えてみましょう。

Ⅲ. 資 料 編

1. 言語力の育成方策について

*以下は、言語力育成協力者会議（座長・梶田叡一）の報告書の素案です。

出所：http://www.mext.go.jp/b_menu/shingi/chousa/shotou/036/shiryo/07081717/004.htm

1. 基本的な考え方及び課題

(1) 言語力について

　この報告書では、言語力は、知識と経験、論理的思考、感性・情緒等を基盤として、自らの考えを深め、他者とコミュニケーションを行うために言語を運用するのに必要な能力を意味するものとする。

　また、言語力のうち、主として国語に関するものについて論じるが、言語種別を問わない普遍的かつ基盤的な能力を培うとの観点から、外国語や非言語等に関する教育の在り方についても必要に応じて言及する。

　言語は、文化審議会答申（平成16年2月）が国語力について指摘するように、知的活動、感性・情緒等、コミュニケーション能力の基盤として、生涯を通じて個人の自己形成にかかわるとともに、文化の継承や創造に寄与する役割を果たすものである。

(2) 言語力育成の必要性

　言語に関する豊かな環境が言語力を育てる土壌となる。また、言語を適切に用いることによって物事を決め、作り上げ、解決することができるように言語に対する信頼を高めることが言語力育成の根本にある。

　子どもを取り巻く環境が大きく変化するなかで、様々な思いや考えをもつ他者と対話をしたり、我が国の文化的伝統の中で形成されてきた豊かな言語文化を体験したりするなどの機会が乏しくなったために、言語で伝える内容が貧弱なものとなり、言語に関する感性や知識・技能などが育ちにくくなってきている。このため、言葉に対する感性を磨き、言語生活を豊かにすることが大変強く求められている。

　OECDの国際学力調査（PISA）において「読解力」[注1]が低下していること、いじめやニートなど人間関係にかかわる問題が喫緊の課題となっていることなど、学習の面でも生活の面でも、子どもたちの生きる力を育成するために、言語力の必要性がますます高まっている。

　さらに、社会の高度化、情報化、国際化が進展し、言語情報の量的拡大と質的変化が進んでおり、言語力の育成に対する社会的な要請は高まっている。PISA調査で要請されている、文章や資料の分析・解釈・評価・論述などの能力は、今日の社会において広く求められるものである。

　中央教育審議会では、学習指導要領の改訂に向けての審議において、

（注1）いわゆるPISA型読解力は、「自らの目標を達成し、自らの知識と可能性を発達させ、効果的に社会に参加するために、書かれたテキストを理解し、利用し、熟考する能力。」と定義されている。

今後の学校教育において、知識や技能の習得（いわゆる習得型の教育）と考える力の育成（いわゆる探究型の教育）を総合的に進めていくためには、知識・技能を実際に活用して考える力を育成すること（いわゆる活用型の教育）が求められているとしている。その際、「言葉」を重視し、すべての教育活動を通じて国語力を育成することの必要性が指摘されている。

(3) 言語力育成の課題
(ア) 言語の果たす役割に応じた指導の充実
　言語は、知的活動（特に思考や論理）、感性や情緒、コミュニケーション（対話や議論）の基盤であることから、それぞれの役割に応じた指導が充実されることが必要である。同時に、これらは相互に関連するものであることから、統合的に育成することについても留意しなければならない。

(イ) 発達の段階に応じた指導の充実
　幼・小・中・高等学校における幼児児童生徒の発達の段階に応じて、言語による理解・思考・表現などの方法を身に付けさせるための教育内容・方法の在り方について検討する必要がある。同時に、指導に当たっては、個々の幼児児童生徒の発達の実態や経験の違いに応じた配慮を行う必要がある。

(ウ) 教科を横断した指導の充実
　言語は、学習の対象であると同時に、学習を行うための重要な手段である。学習で用いる言語を精査し、国語科を中核としつつ、すべての教科等での言語の運用を通じて、論理的思考力をはじめとした種々の能力を育成するための道筋を明確にしていくことが求められる。
　そのためには、国語科及び各教科等で用いられる用語や表現・表記の特質に留意しつつ、育成すべき資質を明らかにしておく必要がある。

(エ) 多様な教育環境を活用した指導の充実
　言語力を育成するためには、教室内による指導のみならず、学校図書館や地域の文教施設、体験活動の場など多様な教育環境を活用することに留意しなければならない。

2. 知的活動に関すること

(1) 事実を正確に理解し、的確に分かりやすく伝える技能を伸ばす。
　思考や論理は、的確であることが基礎となる。そのため、事実を記録する、描写する、報告するなどの活動を発達の段階に応じて適宜行い、正確に理解したり、分かりやすく伝えたりするための技能を体系的に身に付けることが必要となる。国語科を中心として、記録文、報告文などを読んだり書いたりする指導が重要である。その際、思いを述べることと、考えを説明することとを区別する指導が求められる。朝の会、帰りの会などで行われている1分間スピーチなどの場を有効に活用することや、英米において行われているショー・アンド・テル[注2]

(注2) ショー・アンド・テル〔Show and Tell（見せて発表する、の意）〕… 特定のテーマに沿い生徒等が持参したものをクラスで見せながら発表する活動。

などの活動を参考とすることも考えられる。

(2) 自らの考えを深めることで、解釈や説明、評価や論述をする力を伸ばす。

学習が進むにつれて、根拠や論理（推論）に基づいて、筋道を立てて考えを説明することへと思考の客観性や一貫性などの質を高めていくことが必要となる。学習の内容についても、個別的・具体的な事象から、一般的・抽象的な概念が多く含まれてくるので、例えば、概念の意味を理解し、その概念を用いて説明する、情報の意味を解釈し、説明することなどが重要となる。数学科、理科、社会科などで様々な具体的な事象から概念を導き出したり、具体的事象に当てはめて説明したりする活動を大切にして、基本的な概念の理解を確実にする指導などが求められる。

さらに学習が進むと、クリティカル・リーディング[注3]の考え方によって、自らの考えを深めること（自己内対話）が求められる。具体的には、与えられた情報や資料について、目的意識をもって、自らの有する知識・経験と結びつけて分析・評価する、比較考察や批判的検討を加える、自分なりの意見を論述する、客観的に論証することなどが重要となる。そのためには、例えば、国語科では、段落相互の関係や論理の一貫性など、文章の内容や展開、構成等に留意しながら、論証の確かさや説得力などについて評価を行った上で論文を書かせる指導、社会科では、対立する見解を分析し比較検討させる指導などが望まれる。

今後、いわゆるPISA型読解力の考え方を踏まえ、資料や文章を読んで、情報を取り出す、解釈する、熟考・評価して論述するなどのプロセスに即して、それぞれのプロセスに必要な技能、それを伸ばすために必要な言語活動について、発達の段階を踏まえて教育内容に適切に位置づけていくことが必要である。

(3) 考えを伝え合うことで、自らの考えや集団の考えを発展させる力を伸ばす。

自らの考え、あるいは集団の考えを発展させていくためには、考えを伝え合うこと（他者との対話）によりお互いの考えを深めていく活動が求められる。その際、内容に応じて問答やディベートなどの対話や議論の形式を用いることも有効である。例えば、ディベートの形式を用いる場合には、自分の判断を保留し、肯定と否定の両方の立場から議論することで、主観と客観を意識させるプロセスや留保条件付き判断ができるプロセスが重要である。

なお、小学校段階においては、発達の段階に応じた指導が重要であることに留意しつつ、論理的な思考に基づく議論の力を付けていくような指導も必要である。そして中・高等学校と進むにつれて他者の考えを汲み取って議論を練り上げていくような指導を考えることが望ましい。

(注3) クリティカル・リーディング…自分なりの判断や根拠に基づいて評価しながら情報を読み取ること。

(4) 指導方法

　上記(1)(2)(3)の力を養うための指導方法については、例えば、各教科等での指導なども含めて、次のような意見があった。

- 自ら考え、自ら学習するという態度に思考力や言語力を育成する契機があるので、考えさせる指導、書かせる指導がより一層必要である。記録文、報告文、説明文、物語文、生活文、論文などを書く機会を児童生徒の状況に応じて多様に設定することが期待される。その際、事実と意見を書き分けること、また、書いたものを分析することを通じて、自分の考えを自分自身にフィードバックさせることを指導することが望ましい。例えば、総合的な学習の時間などで体験活動を行う場合には、自らの考えを深めるため、活動を振り返って「学んだことを書く」ことにより体験を言語化させる指導を行うことが期待される。その際、実感し、思考を深め、自らの生き方を考える、という段階を意識させる指導をする必要がある。
- 論理的思考は、例えば、「事実と意見との区別」や「判断と根拠」、「原因と結果」、「比較・対照」という観点から考えることができるので、こうした観点を基にして、国語と各教科等との分担や連携を図りつつ指導することが望ましい。
- 例えば、国語科及び外国語科の読みの指導においては、文章を分析するだけでなく、自らの知識や経験に照らして文章の内容を評価し、自らの考えを表現する、いわば文章と対話するような指導をすることが望ましい。
- 例えば、理科の観察の活動において、観察したことを基に説明するときに、「なぜ」という観点を補うよう指導することや、視点を変えて多面的・多角的に物事を見るように指導することが望ましい。
- 例えば、社会科の学習において、同一の事象や出来事について、様々な立場の人が書いた文章を読んで比較することで、社会の仕組みの長所短所を理解したり、比較したり、よりよくするための議論をしたりするなどの活動をすることが望ましい。
- 文章や資料を読んだり書いたりすることを通して、論理的思考力を育成することが望ましい。
- 日常生活の中で、新聞を読んで、自分の意見を話したり書いたりすることが望ましい。
- 指導方法を明確にするため、教員の研修や各学校における実践事例の集積・共有、その事例に基づくワークブック教材の作成などが求められる。

3. 感性・情緒等に関すること

　感性や情緒は、他者との人間関係の中ではぐくまれていくものであり、様々な人間関係の中での美しい言葉や心のこもった言葉の交流は、人間関係を豊かなものに高めていくものである。

　様々な事象に触れて感性を磨くことは、豊かな人間性を育成する上で大切である。例えば、喜怒哀楽の感情をどのように言葉で表現するかということを考えるとき、身体表現や文化的背景とのかかわりなどについても考える必要がある。

　情緒を育てる場合において、論理と情緒とを対立する問題としてとらえることは適当でない。物事を直感的にとらえるだけでなく、分析的にとらえることも情緒を豊かにすることにつながるからである。例えば、絵画の説明や分析などの活動も、感性・情緒を豊かにしていく上で有効である。また、物語、小説などの文学的な文章を読むときに、内容や表現についての討論を前提として、登場人物の関係性や作家の発しているメッセージを分析することなどの活動も有効である。

　国語科においては、様々な言葉や文章を聞いたり読んだりする機会を充実し、文章の内容だけでなく表現・修辞から生じる感性・情緒にも目を向けさせること、また音読・暗唱などの指導や古典の教育の充実が求められる。

　生活科や総合的な学習の時間などにおいては、体験活動等を通じて子どもたちが驚いたり、疑問に思ったり、感動したりして発する、実感の伴った言葉を豊かにしていくことが求められる。

　特別活動における学校行事などの体験活動は、豊かな自然や文化に触れる中で、児童生徒の心情を豊かなものにするとともに、言語活動を一層高めていく契機となることが期待される。

　また、音楽、図工、美術、道徳での指導を通して、感性を磨き、情緒をはぐくむ指導も深めていく必要がある。

4. 他者とのコミュニケーションに関すること

　人々の共同生活を豊かにするためには、個々人が他者との対話を通して考えを明確にし、自己を表現し、あるいは他者を理解し、他者と意見を共有し、お互いの考えを深めていくことが望まれる。日常のコミュニケーションから協同的な関係を築くよう努めることが重要である。

　指導方法としては、ペアや小グループでの活動を含めて、学級内での異なる考え方を相互に取り入れ深めていくなど、教室内の日ごろからのコミュニケーションの充実により、集団としての学習力を高めていくという視点が求められる。その際、すべての子どもたちがコミュニケーションの場にいられるよう配慮しなければならない。また、教員は、子どもの「聞く力」を育てる指導を重視する必要がある。積極的に発言することだけでなく、相手の発言をしっかりと聞き取り、受け

止めること、状況に応じて的確に返すことを含めて、すべての子どもが偏りなく授業やコミュニケーションに参加し、互いに理解し合えるような配慮が求められる。さらに同級生だけでなく、異年齢の幼児児童生徒、地域の人々など様々な他者とのコミュニケーションの機会の設定も重要であり、その際、障害者等との適切なコミュニケーションについて配慮することが大切である。

対話を促進するための具体的な授業の展開としては、正解が一つに絞れない課題を考える必要がある。社会科、理科、家庭科、技術・家庭科、総合的な学習の時間などでは、例えば、環境問題に関して10年先、20年先の状況について、根拠を示しながら予測する、未来予測の授業など正解が一つとは限らない問いが考えられる。また、結論は同じでもプロセスが多様である課題について議論しながら学習を積み重ねていくことも大切である。

特別活動は、望ましい集団活動を通して行われていく教育活動という特質を有している。学級活動や児童会・生徒会活動、学校行事も、話し合いや対話等を基盤として成り立つものであり、こうした教育活動はコミュニケーション能力を高めるものであって、同時に言語力の育成に資することが期待される。

議論は、時に他者と対立するものととらえられ敬遠されがちであるが、対話すること、議論することを通して、自分の思考・理解が深まり新たな発想が生まれるという実感、他者とかかわりながらよりよく問題解決をする楽しさが味わえるという意識を培うことが望まれる。具体的に、例えばKJ法(注4)やディスカッション、ディベートなどを通じて、意見の異なる人と議論して協同的に問題解決をする態度を育成することや、意見の対立が生じたとき、その対立を乗り越えて問題解決をする仕方を身に付けさせることが期待される。

我が国の言語文化の優れた点を継承しつつも、対話や議論に関する新たな文化を創造することを目指す必要がある。その際、多様な発想を互いに披瀝(ひれき)し、その発想を吟味検討することを通して新しい認識、総合的な認識が出来上がっていくことを実感させたい。

(注4) KJ法… 文化人類学者である川喜田二郎の頭文字をとった創造的問題解決法。KJ法は単なる情報の整理術ではなく、個性の発揮と集団の知的・情緒的生産とを同時に可能とするチームワークの技法でもある。

5. 指導に当たっての配慮事項等

指導に当たっては、下記の各事項を通して、子どもの言語力が確実に育成されるよう、総合的に実施するなどの配慮が必要である。

(1) 語彙について

幼児児童生徒の現状を見ると、生活体験が不足し、感情を直接的に表現する言葉が多用され、語彙が乏しくなっているので、実生活の中で読書や遊びを通じてそれを充実させることが望まれる。

論理や情緒に関する語彙を豊かに身に付けることは、思考力を高めたり情緒を豊かにしたりすることにつながる。そのためには、各教科等で習得すべき学習の基本語彙を整理して明確にしたり辞書等を活用したりすることなどが重要である。

(2) 言語運用法について

　従来の教育においては、感性・情緒の面に重点が置かれ、論理や表現法に関する配慮が不足していたので、義務教育の段階で、言語運用法の指導を体系的に行うことが求められる。
　文や文章の構造と機能についての理解と自覚を深め、効果的な言語運用を可能にする力を育成することが望まれる。文法についても、国語（言語）の特質の理解を進めるとともに表現や対話に役立つ実用的・実践的なものとなるよう見直していく必要がある。

(3) 教材について

　主たる教材として重要な役割を果たす教科書については、その質・量両面で充実する必要がある。
　国語の学習を通じて日本のことを深く理解するために、教材として日本の文学作品を重視すべきである。子どもが熟読するためにふさわしい古典を教材とすることが望ましい。言語運用法に関する教育を充実するため、子どもたちに言語に関する技能としての説明や報告を繰り返し行わせ、論理的思考力などの育成を図るための教材も必要である。

(4) 読書活動について

　言語力の育成のため、読書するための基礎・基本の力を養うことが求められる。PISA型読解力の育成を図るため、例えば1冊の書物をしっかり読み合って議論をするなど、国語と他教科等のねらいの違いを認識した上で、各教科等において、どのような読書活動を推進するのか明確にする必要がある。
　例えば、国語科においては、小学校では、児童が日常的に読書に親しむようにするために指導内容を明確に位置付け、中学校では、生徒の読書をより豊かなものにするために指導内容を明確に位置付けることが望ましい。他の教科や総合的な学習の時間、道徳、特別活動においても、それぞれのねらいや特性に応じて、読書活動を一層充実することが求められる。
　また、学校での朝の読書、日常生活の中での読書など、教科等の授業時間以外の幅広く継続的な取組が重要であり、これを促進する仕組みを検討することが期待される。具体的には、ものの見方、感じ方、考え方を広げたり深めたりするとともに、言語感覚の育成や日常の言語生活の質の向上を目指して、学校・家庭・地域を通じた読書活動の一層の充実を図ることが大切である。
　このほか、読書活動の推進を図る上で、学校図書館や地域の図書館など、読書活動を推進するための環境の整備についても配慮されなければならない。

(5) 言語生活について

　言語力は、豊かな言語生活を基として育つものである。言語生活を

豊かにするために、学校教育活動においては、既述の多様な教育環境を活用することに留意するとともに、辞書、新聞、図書館など様々な言語的な道具や場の利用法について指導すること、また、それらを活用して得られた体験を含め、生活体験、自然体験などを自らの言葉で表現し、体験を言語化させるよう指導することが望まれる。その際、言語力を用いる際のモラルや、それに伴う責任を併せて教えることも必要である。

(6) 評価について

上記に関連する指導を実施した後、子どもたちの変容などを把握し、それらに対する評価を適切に行うことが期待される。評価を行う際には、評価に基づいて指導を改善し、指導のさらなる充実につなげていく視点が重要である。

6. 発達の段階に応じた指導の充実の考え方

(1) 基本的な考え方

言語力の育成に当たっては、子どもたちの発達の段階に応じて指導の重点を工夫しつつ、より効果的にはぐくんでいくこととしたい。子どもたちの意欲ということに留意しつつ、体験や指導を通して、言語に関する様々な約束事(型)に気付かせ、その約束事(型)を使ってものを考える機会をもち、それが身に付いてくるにしたがって約束事(型)の意味を理解し自分の技術として使えるようにすることが求められる。

発達の段階に即して教えることなどと、同じ内容を繰り返して教えることなどとを組み合わせて、指導内容を配列していくことが大切である。

幼稚園ならびに小学校では、特に低学年で聞くことに関する指導が重要である。他者の話に耳を傾けることは、人間関係の基本であることから、形式面だけにとらわれずに、実感をもってその重要性を理解させる必要がある。

(2) 学校段階ごとの指導の特質

幼児期から小・中・高等学校へと発達の段階が上がるにつれて、具体と抽象、感覚と論理、事実と意見、基礎と応用、習得と活用と探究などについて認識や実践ができる水準が変化してくる。それに応じて、指導内容や言語活動の特色付けをしていく必要がある。この点については、例えば、次のような意見があった。
- 幼児期は体験を共有している人に伝えること、小学校では、体験を共有できていない人に伝えること。幼児期や小学校低学年では、体験したことや自分の気持ちを子どもなりの表現で伝え合ったり、話し合ったりすることを楽しむこと。小学校高学年では物事を多面的・多角的に見ることにより論理的な思考を身に付けさせること。
- 小学校では観察・実験において丁寧に見て、記録すること。中学校

では、問題を発見・検証して他人に説明すること。高等学校では、なぜと問いながら活動し、事実判断に加えて価値判断を自分の言葉で他人に伝えること。
- 幼稚園は体験し、自分なりに思考し、表現する時期。小学校は体験を組織化して目的に応じて整理できる時期。中学校は自らの考え方を主体として論理的に考える時期。高等学校は妥当性をチェックし論理的に表現できる時期。
- 小学校段階では、低・中学年で観察・見学・事象の表現、高学年になると、具体の世界から抽象の世界に渡って意図の推測もできるので、目的的行為の説明などが有効。中学校段階では、問題・仮説・検証過程の表現や留保条件付きの判断、高等学校段階では、自己の判断根拠の表現が有効。また、いずれの段階でも、なぜと問いながらの活動を重視することが有効。
- 幼児期には、イメージの形成が中心となるので多くの実体験が重要であること。小学校低・中学年では具体的な思考が中心となるので、事実の正確な理解・記録・伝達が重要であること。小学校高学年では形式的・抽象的思考が可能となるので、概念の意味を理解したり、概念に基づいて説明したりすることが重要であること。中学校・高等学校では、より高度な形で自分なりの考え方を形成することが可能となってくるので、文章や資料を読解し、評価し、自分の考えを論述することが重要であること。
- 言語に関する感覚や思考力を高めていくため、メタ認知能力[注5]を育成すること。特に小学校段階から各教科等で振り返りの時間を適切に授業に組み入れること。例えば、小学校であれば、その日の授業について家族に手紙を書くことなどが指導に当たっての工夫として考えられること。

(注5) メタ認知能力… 自らの思考や行動を客観的にとらえて、自覚的に処理する能力。

7. 教科等を横断した指導の充実の考え方

(1) 基本的な考え方
　言語力の育成を図るためには、前述した観点からの検討が求められるものであるが、学習指導要領の各教科等の見直しの検討に際し、特に次の点に留意することが必要である。

(ア) 知的活動に関すること
- 思考や論理は、的確であることが基礎となるので、事実を正確に理解し、他者に的確に分かりやすく伝える技能を伸ばすこと
- クリティカル・リーディングやいわゆるPISA型読解力の考え方を踏まえ、自らの考えを深めることで、解釈や説明、評価や論述をする力を伸ばすこと
- 対話や議論の形式を活用するなどして、考えを伝え合うことで、自らの考えや集団の考えを発展させる力を伸ばすこと

(イ) 感性・情緒等に関すること
- 感性や情緒は、他者との人間関係の中で育まれていくものであり、

美しい言葉や心のこもった言葉の交流は、人間関係を豊かなものに高めていくものであること
(ウ) 他者とのコミュニケーションに関すること
● 個々人が他者との対話を通して考えを明確にし、自己を表現し、他者を理解するなど、お互いの考えを深めていくことが人々の共同生活を豊かなものにすること

　言語力の育成については、これらのことを踏まえた上で、国語科を中核としつつ、すべての教科等での言語の運用を通じて、論理的思考力をはじめとした種々の能力を育成するための道筋を明確にしていくことが求められる。その際、各教科等の特質を踏まえて取り組むことが重要である。

(2) 教科・領域ごとの特質を踏まえた指導の充実
〈国　語〉
● 国語科は言語力育成の中心的な役割を果たすべく、メタ言語活動(注6)の指導の充実など国語科自体の改善を図ることが必要である。
　例えば、小学校・中学校においては、言語の教育としての立場から、実生活や実社会で必要な言語能力、各教科等の学習の基本となる言語能力、さらに言語文化に親しむ態度を確実に育成することが求められる。
　高等学校においては、加えて、社会人として必要な言語能力の基礎を確実に育成するとともに、言語文化を享受し自ら創造していく能力や態度を育成することを重視する必要がある。
● 国語科で育成を図る言語力については、他教科等での活用も視野に入れ、基礎的・基本的な知識・技能を習得することと、それを活用して課題を探究することを重視すべきである。
● 言語力を育成するため、「受け答えをする」「事実を正確に伝える」「要点をまとめる」「相手・目的・場面を考えて情報を理解したり伝えたりする」「多面的・多角的に物事を見る」「情報を的確に分析する」「自らの知識や経験に照らして情報を評価する」などの技能や能力を育成していくことが望まれる。このため、発達段階に応じて重点化を図りながら、適切な言語活動や言語運用法の指導を組み込んでいくことが望ましい。
● 文章や資料を活用し、論理的に考え、表現する力を育成するためには、「情報の取り出し」→「解釈」→「熟考・評価」して論述するという、いわゆるPISA型読解力のプロセスを参考として指導することが期待される。
● 伝え合う力を育成するため、相手の立場を考慮しながら双方向性のある言語活動をしたり、建設的な合意形成を目指した言語活動をしたりする技能を育成することが望ましい。
● 我が国の文化や伝統を継承・発展させるため、近現代文学や古典をはじめとする言語文化に親しむ態度や、日常的に読書をしたり表現

(注6) メタ言語活動… 発表する、感想を述べるなどの言語活動自体について、客観的にとらえ自覚的に行う言語活動。

したりする言語生活を形成する態度を育成することが大切である。
- 今日の情報化社会の中で、複数のメディアやテキスト等を活用して、メディアの特性を踏まえた情報評価能力を育成することが期待される。

〈社会、地理歴史、公民〉
- 社会科、地理歴史科、公民科では、身近な地域の観察・調査などを行う学習において、的確に記述し解釈を加えて報告すること、法則性や概念を基に事象を説明すること、価値判断や未来予測、また、未来がどうあるべきかという議論が必要な場面を設けて各自の解釈・判断を論述したり、意見交換したりすることが考えられる。
- また、言語力や思考力の育成のために、様々な資料を的確に読むことや、それらの資料を関連付けて読む、比べて読む、批判的に読むなどの指導を充実することが望ましい。

〈算数・数学〉
- 算数・数学科では、算数・数学を活用して考えたり判断したりする活動に重点をおき、その活動がよりよく行われるよう、言葉や数、式、図、表、グラフなどを用いて、筋道を立てて説明したり論理的に考えたりして、自ら納得したり他者を説得したりする指導を行うことが大切である。また、予測や推測を生み出しそれらを確かめたり、よりよい予測や推測をしたりするための指導を行うことも大切である。
- その際、帰納的な考え方や類比の考え方、予測や推測を検証するための演繹的な考え方をはぐくむ必要があり、それらの考え方をよりよく用いるために必要な言語力を身に付けさせることが期待される。例えば、事実の説明あるいは理由や手順の説明の仕方を身に付けさせることなどである。

 なお、指導にあたっては、根拠を基にして、ある事柄が「正しい」「正しくない」ということを明確に説明できるようにすることが期待される。

〈理　科〉
- 小学校中学年では、例えば植物の観察などにおいて、問題意識や見通しをもちながら視点を明確にして、差異点や共通点をとらえ記録・表現すること、小学校高学年では、例えばものの溶け方などにおいて、条件や規則性に着目して事象を説明すること、中学校から高等学校の段階では、観察・実験の結果、状況により資料等を加え考察し、科学的な概念を理解し、実証性・再現性・客観性などの視点から評価・論述したり、討論したりすることが考えられる。
- 理科では、発想した予想や仮説の検証方法を考察する場面で、それぞれの予想や仮説と検証方法について討論しながら考えを深め合うこと、結果の解釈場面で、結果の確証や反証を基に観察・実験の方法や、発想した予想や仮説の真偽を検討しあうことが望ましい。そ

うした指導の充実がコミュニケーション能力の育成に有効である。

〈生活科〉
- 体験活動を通して得られた気付きの質を高めるため、見つける、比べる、たとえるなどの学習活動や、体験したことを振り返り、言葉や絵などによって表す学習活動を重視することが考えられる。
- 身の回りの人とのかかわりや自分自身について考える力を育成するため、体験したことを伝え合う機会や、発表したり感想を述べ合ったりするなどの機会を増やすことが期待される。
- 小学校生活への適応や幼児教育との連携を図るため、体験と言語等とのかかわりを重視した合科的・関連的な指導を充実させることが望ましい。

〈音　楽〉
- 音楽のよさや美しさを生み出している様々な要素の働きなどを聴き取り、イメージや感情を比喩的な言葉で表したり、音楽に対して、根拠をもって自分なりに批評したりすることのできる力を育成する指導を一層充実することが望まれる。
- 音によるコミュニケーションを通して、生活や社会と豊かにかかわる態度をはぐくみ、生活を明るく潤いのあるものにする音楽の役割を実感させるような指導を重視することが期待される。
- 良好な人間関係を構築する能力を育成する観点から、合唱や合奏、グループによる創作を通して皆で一つの音楽をつくっていく体験を重視し、表現したいイメージを伝え合ったり他者の意図に共感したりする指導を充実することが望ましい。
- 歌唱表現において、歌詞の内容や言葉の特徴を生かして歌ったり、日本語のもつ美しさを味わったりするなど、言語と音楽との関係を大切にした指導を重視することが望ましい。

〈図画工作、美術、美術・工芸〉
- 表現や鑑賞の活動を通して、感性や想像力を働かせながらよさや美しさを感じ取り、思考・判断し、表現するなどの資質や能力を育てることが求められる。
- 生活や社会と豊かにかかわる態度をはぐくむため、身の回りの形や色、環境などから感じ取ったことを伝え合ったり、形や色、材料などを生かして他者や社会に表現したりするなどの学習を一層重視することが考えられる。
- 感じ取る力や思考する力を一層豊かにするために、自分の思いを語り合ったり、自分の価値意識をもって批評し合ったりするなどして、自分なりの意味や価値をつくりだしていくような指導を重視することが望ましい。

〈外国語〉
【中・高等学校】
- コミュニケーション能力の育成と文法指導を対立的にとらえることは適当ではない。ルールとしての言葉の仕組みの理解と、ルールに基づく創造的な言語運用について、両者を関連付けた指導を充実することをめざす必要がある。
- 外国語の学習を通して思考を知覚の対象とし、思考に対して注意を払うことにより、言葉を焦点化したり修飾関係をとらえたりして、メタ言語能力を高め、言葉に対する感性を磨くことが期待される。
- コミュニケーション能力や思考力の向上のためには、言語の基盤となる語彙力の充実が求められる。その際、語彙を機械的に覚えるだけでなく、実際に使用するなど積極的に活用させることが望ましい。

【小学校】
- 小学校の英語活動等においては、体験的な活動等を通して言葉のもつ意味、言葉の大切さ（言語による相互理解等）、日本語との違いなどに気付かせることが重要である。このことがメタ言語能力の芽生えを形成する上で重要な役割を果たすものであると考えられる。
- 小学校の英語活動等においては、コミュニケーション能力を養う上で必要となる積極的な態度の育成が可能であり、中学校以降続く英語教育にも資するものである。また、非言語を含めて、コミュニケーションを図るために、言語力を総動員することの大切さを理解させることができる。
- 小学校の英語活動等は、小学生にとって自己を表現したり、言語やコミュニケーションに関する感覚を養ったりする体験的機会ととらえることができる。他の言語にふれる体験を通して、日ごろ用いている日本語の特性に気付いたり、日本文化について発信したりするなどの機会とすることができる。

〈家庭、技術・家庭〉
- 幼児や家族、地域の人々と触れ合い他者とかかわる力を高める活動や、情報通信ネットワークや情報の特性を生かして考えを伝え合う活動を一層重視することが期待される。
- 合理的判断力や創造的思考力、問題解決能力の育成を図るため、衣食住などの生活における様々な事象や技術製品などのもつ科学性を説明する活動や、価値判断が必要な場面を設けて、各自の解釈・判断を論述したり、最適な解決策を探究したりする活動を一層重視することが望ましい。
- 衣食住やものづくりなどに関する実践的・体験的な活動を一層重視し、その過程で様々な語彙の意味を実感を伴って理解させるよう配慮することが考えられる。

〈情　報〉
- 他者とのコミュニケーション能力を育成するため、情報通信ネットワークやメディアの特性を生かし、ルールを守り、安全に配慮しながら、相手や目的、場面を考えて、様々な他者との間で考えを伝え合う活動を一層重視することが考えられる。
- 情報通信技術やメディアの特性を踏まえて、新たな情報を創り出したり、問題解決の手順を明確に記述させたり、最適な解決策を探究するとともに解決した結果を評価したりすることで、合理的判断力や創造的思考力、問題解決能力の育成を図る活動を一層重視することが望ましい。
- 実践的・体験的な活動において、情報通信技術やメディアを適切に活用して、自分の考えなどを整理し、分かりやすく表現したり、説明したりする活動を一層重視することにより、様々な語彙の意味に対する実感の伴った理解を深めるよう配慮することが考えられる。

〈体育・保健体育〉
- 他者とのコミュニケーション能力を育成するため、ダンスなどの身体表現や、ゲーム場面での意思疎通などの集団的活動で互いに励まし合ったり、相手チームの健闘を称えたりして、協力して学び合う活動や、実習やロールプレイングを実施した際の観察や体験を基に話し合いを行い、考察し、健康にかかわる概念や原則を見いだすなどの活動を充実することが期待される。
- 論理的思考力を育成するため、筋道を立てて練習や作戦を考え、その結果を客観的に評価し、必要な修正を図るなどの活動や、健康に関わる概念や原則を基に、身近な生活や社会における健康課題を的確にとらえたり、改善の方法について具体例を挙げたりしながら筋道を立てて論述するなどの活動を重視することが考えられる。

〈総合的な学習の時間〉
- 問題解決的・探究的な学習を充実するため、学習活動の中でPISA型読解力における読解のプロセスを参考とした「問題意識をもつ・問題を設定する」から「情報の取り出し・収集」から「整理・分析・思考」から「まとめ・表現」という学習の流れを重視することが考えられる。
- 他者や社会とかかわる力を育成するため、多様なグループ編成によって互いに教え合い学び合う学習活動や、異なる立場の人、地域の人との意見交換など協同して課題を解決しようとすることを重視することが望ましい。
　国語科とも連携し体験を言語化する指導の充実や言語に対する関心を育成することが求められる。

〈道　徳〉
- 道徳的価値観の形成を図る観点から、自己の心情・判断等の表現力を高めるため「書く活動」を重視することが考えられる。

- 道徳的心情を豊かにするため、人に感動を与える心の美しさや強さを浮き彫りにした題材等を活用することが考えられる。
- 道徳的な問題に対する判断力を育成するため、公正、正義などの倫理的諸価値を用いて様々な課題について討論等を行い考察させるような指導を行うことが考えられる。

〈特別活動〉
- 学校や学級における生活上の問題を、言葉や話し合いを通して解決する活動を一層重視する必要がある。
- 人間関係や集団生活の形成に必要な言語力を育成するため、協同の目標の下に行う同年齢や異年齢による言葉の交流活動を一層重視することや、自分や他者の多様な考えをよりよい方向へまとめていくような力を育成することが重要である。

　また、構成的グループ・エンカウンター(注7)、ソーシャルスキル・トレーニング(注8)、ピア・サポート(注9)など好ましい人間関係やよりよい集団生活を形成するのに必要なスキルを学ぶ場を適宜設けることが望ましい。
- 学級会や児童会・生徒会など様々な会議の方法について、国語科で学習した内容を体験的に理解したり実践したりできるようにすることが考えられる。
- 実生活や実社会で役立つ言語力を育成するため、あいさつや言葉づかいの啓発活動を重視することや、地域との交流活動、児童会・生徒会と地域の人々との合同会議などを実施し正しい敬語の活用など言葉によるコミュニケーションを促すことが期待される。

　体験したことを言葉でまとめたり、発表し合ったり、手紙に表したりする活動を一層重視することが望ましい。

(注7) 構成的グループ・エンカウンター… 教師や同級生等から「尊重される、認められる、褒められる」体験を経ることで、自分のよいところや努力を周囲の仲間に評価されることを実感するとともに、自分を肯定的に評価でき、自尊感情をもてるようにする取組。

(注8) ソーシャルスキル・トレーニング… 人間関係についての基本的な知識、自分の意思を状況や雰囲気に合わせて相手に伝えること、対人問題の解決方法などについて説明を行い、また、ロールプレイングを通じて、グループの間で練習を行う。

(注9) ピア・サポート… Peer「仲間」をSupport「支援する」。異学年交流を通じ、「お世話をされる体験」と、成長した後に「お世話をする体験」の両方を経験し、「自己有用感」を獲得する。同時に、自ら進んで他者と関わろうとする意欲や必要な能力を、仲間との活動によって培う。

2.「ことばの時間」の試み

*齋藤菊枝作成

1. 目的
　言語教育の原点には「ことばへの気づき」が必要であることを学校（教員）に伝える。

2. 目的設定の理由
(1) 教師も子どもも「話す・聞く」を当然のことと感じているので、教師がことばに対する関心を高めようと思っても具体策が見つけにくい。
(2) 小学校、中学校、高校の国語では学校文法は扱うが、ことばの仕組みや性質など「ことばへの気づき」に関わるものはほとんど含まれていない。
(3) 言語の分野に係る基礎研究や先端研究の知見を生かさないのはもったいない。

3. 現状
(1) 学習指導要領改訂の動きの中で「言語と体験」が目玉になっており、全教科で言語力育成と紹介されている。各教科の指導方法の工夫としては例示されているが、言語の普遍性（ことばの仕組みや性質など）に関するものの取り上げ方が十分ではない。
(2)「言語」という点では、国語科と外国語科が担うべきだが、現場では二つの教科の間には言語教育という同じ土俵での交流はほとんどない。環境問題やスポーツ、科学、食と文化など、取り扱う教材の内容に関して、理科や社会科、家庭科、保健体育科なども含め連携する場合もある（総合的な学習の時間導入時に、「教科横断的な」と言われ、教科の垣根が少し低くなったことがある）が、それ以外ではほとんどない。
(3) 教員養成課程の課題もある。そもそも言語学の基礎知識は教員養成の必修の内容ではなかった。

4. 目標
　母語である日本語について考える意義や実践例を学校（教員）に広く知らせる機会を設定する。

5. 目標達成のための方策
(1) 教員向けの研修会
　　「教師のための言語学ワークショップ」を開催（8月、12月）
(2) 高校生向け講座
　　「蕨高特別セミナー　ことばの不思議を探る」（8月）
(3) 子どもによる、子どものためのことば力向上講座

高校生と小学生の交流事業　特別プログラム「ことばの時間」(11月)
上記(1)(2)は、講師(大学教員)による、教員対象や高校生対象の講座である。(3)は、高校生による、小学生対象の講座である。

6. 子どもによる、子どものためのことば力向上講座
(1) 概要
・タイトル　　　　　「ことばの時間」
・授業の位置付け　総合的な学習の時間
　※交流に参加する高校生については、高校の授業は公欠扱いとしている。
・日　　時　　　平成19年11月7日(水)第1・2限　5年1組
　　　　　　　　　　　　　　　　　　　第3・4限　5年2組
・担　　当　　　県立蕨高校　2年1組　男子生徒2名(5年2組担当)
　　　　　　　　　　　　　　2年3組　女子生徒2名(5年1組担当)
・目　　的　　　ことばの豊かさと楽しさを子どもたちに実感してもらい、ことばに対する関心をもってもらうこと。
・目　　標　　　ことばの性質に気づかせることにより、子ども自身が読んだり書いたり(聞いたり話したり)するときに、ことばの選び方や使い方について注意深く行えるようになること。
・今日の(授業の)めあて　ことばのふしぎを見つけよう！
・小学生の活動　提示されたことばに関する材料をもとに、みんなでいろいろ意見を出し合って楽しく考える。
・留意事項　　　①答えを教えたり覚えたりするのではなく、一人一人が考えることが大切なので、多くの小学生が気付いたり発見したりできるようにする。
　　　　　　　　②小学生が答えたときは、どんな意味なのかをできるだけ小学生に説明させるようにする。小学生が伝えようとしていることを受け止めてあげられるように聴く。

III. 資 料 編

(2) 内容

時間	「ことばの時間」の流れ [5年1組：第1時間目] [5年2組：第3時間目]
10分	◆はじめに □プリントA配布 □今日のめあての確認 　…今日の1時間目と2時間目は「ことばについて考える時間」です。 　私たちは当たり前に、ふだんは何げなくことばを使っているけれども、ことばって何だろうということをみんなと一緒に考えたいと思います。 　この時間の約束事として、一人一人が考えること、みんなで協力して考えることを守って下さいね。 ◆「大きいリンゴの木」 □黒板に提示。【表現】 □これを読んで、絵を描くとしたら、どんな絵を描きますか。プリントの①に絵を描いてもいいですよ。 □指名（4名くらい） □1つの表現で2通りの意味をもっていますね。 〈ねらい〉1つの表現が2通りの意味を持つことに気づかせる。
5分	◆「ぼくと手をつないでいるポチとミケ」 □黒板に提示。【表現・ぼく・ポチ・ミケ】 □これは、どんな意味を表していると思いますか。プリントの②に絵を描いてもいいですよ。 □指名（4名くらい）・黒板の絵を使って示させる。 □これは3通り意味がありましたね。 〈ねらい〉1つの表現で3通りの意味を持つことに気づかせる。 ◆「こわい目の（　　　）」
15分	□黒板に提示。【表現】 □カッコの中に、単語を入れて意味の通る表現を作ってみましょう。プリントの③にことばを書いてみましょう。いくつでもいいですよ。 □指名（5、6名くらい） □単語の選び方によって、3つの単語の関係（まとまり）が変わります。 〈ねらい〉（　）内に単語を入れて意味の通る表現にする。

	単語の選び方によって、3つの単語(「こわい」「目」「(　)」)の関係(構造)が異なることに気づかせる。 ◆「紅茶・学校／サッカー・英語」
5分	□今度はもっとおおきなまとまりを考えてみましょう。 □私たちが考えた表現を見て下さい。 □黒板に提示。【表現をつなげて提示しながら、「私の好きなものを紹介します」といって、どんどん付け足すと、言いたいことがだんだんはっきりしてくることを伝えます。】 ・私の好きな／甘くて／おいしい／あったかい／紅茶 ・たくさんの／優しい／友達がいるから／大好きな／学校 ・11人の／チームワークが大切な／世界中で人気の／僕の好きな／サッカー ・話すと外国の友達ができる／世界の多くの人々が話している／小学校5年生のときから勉強している／楽しい／英語 〈ねらい〉単語だけでなく、節(文)もまとまりを作ることができることに気づかせる。さらに、どんどん付け足していけることにも気づかせる。 ◆「チョコバナナ・バナナチョコ／給食・給食の時間」
10分	□黒板に提示。【表現】 □あとにくることばの意味が中心になっています。最初のことばは、あとにくることばの意味を限定する働きをしています。 ・チョコバナナとチョコバナナ ・給食／委員会／委員長 ・何より好きな／楽しい／給食の時間 〈ねらい〉ことばには、語順(単語の順番)があり、それによって意味の違いも出るし、どんどん付け足していけることにも気づかせる。 ※あとにくることばの意味が中心になる。最初のことばは、あとにくることばの意味を限定する働きをする。

時間	「ことばの時間」の流れ [5年1組：第2時間目] [5年2組：第4時間目]
25分	◆1時間目のまとめ □プリントB配布 □1時間目のまとめ ◆「茶色い目の大きな犬を飼っている宇宙人」 □黒板に提示。【表現】 □何通りの意味が読み取れますか。プリントに絵を描いてもいいですよ。 □指名（8名） □1つの表現がいくつもの意味をもっていますね。 □単語が並んでいるだけなのですが、いろいろな意味に受け取れるところがおもしろいですね。 〈ねらい〉1時間目よりさらに複雑な表現を使い、ことばのおもしろさを発見する喜びを味わわせる。 この表現が何通りかの意味をもつことに気づかせる。
15分	◆「『ことばの時間』の感想を書こう」 □黒板に例示。【表現】　　　　ことばの時間 　　　　　　　　　　　楽しい／ことばの時間 　　　　　　　おもしろくて／楽しい／ことばの時間 □今日の「ことばの時間」で気付いたことをもとに、「ことばの時間」という語の前に、どんどん言葉を付け足す形で感想を作ってみましょう。 □プリントC配布 □指名。できるだけ多くの生徒に発表してもらう。みんなで拍手。 〈ねらい〉「ことばの時間」で気づいたことをもとに文を作り、ことばのおもしろさや不思議さを実感する。
5分	◆今日のまとめ □今日はみんなで協力して「ことばのふしぎ」について考えました。 □「ことばのふしぎ」というのは、「ことばのきまり」と言ったり、「ことばの学習」と言ったりしている「ことばの性質」のことです。

□ 今日、みんなで勉強した「ことばの性質」は、「ことばのまとまり」と「つながることば」についてです。
□ 人間が使うことばは、日本語や英語、中国語、タイ語、スペイン語、アラビア語、日本手話などたくさんありますが、「ことばのまとまり・つながることば」というのは日本語以外のことばも持っている性質です。
□ どのことばが優れているかとか、その逆であるとかいうことはなく、どのことばも平等です。また、同じことばの中にある方言もすべて平等です。ある方言がほかの方言より優れているというようなこともありません。
□ みなさんは、これから、日本語以外のことばも学んでいくと思いますが、そのときには、今日勉強した「ことばの性質」を思い出してほしいし、ことばに対する関心をもち続けてほしいと思います。

(3) 配布プリント

小学生が考えるときのメモ用紙として、プリントを順次配布した。混乱を避けるため、次のプリントを配る前に、書き込んだプリントは回収することとした。プリントA、BはA4版。プリントCはA4版の1/2サイズ。

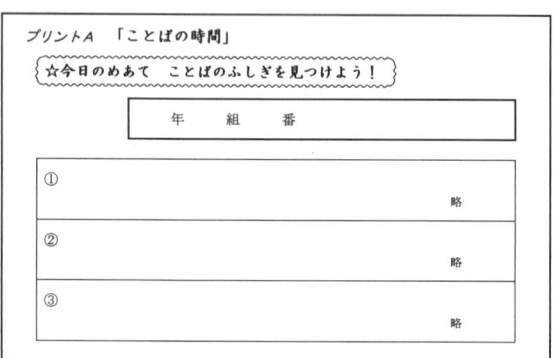

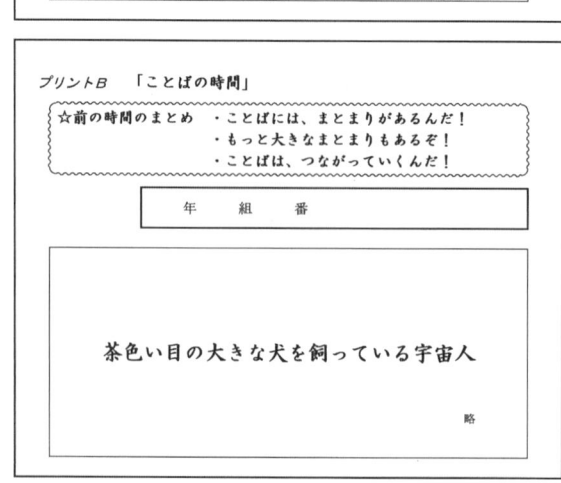

```
プリントA  「ことばの時間」
☆今日のめあて　ことばのふしぎを見つけよう！

         年　組　番

① 　　　　　　　　　　　　　　　　　　略
② 　　　　　　　　　　　　　　　　　　略
③ 　　　　　　　　　　　　　　　　　　略
```

```
プリントB  「ことばの時間」
☆前の時間のまとめ　・ことばには、まとまりがあるんだ！
　　　　　　　　　　・もっと大きなまとまりもあるぞ！
　　　　　　　　　　・ことばは、つながっていくんだ！

         年　組　番


     茶色い目の大きな犬を飼っている宇宙人

                                        略
```

```
┌─────────────────────────────────────────────┐
│ プリントC  「ことばの時間」                    │
│ ┌─────────────────────────────────────────┐ │
│ │☆ 今度はみんなの番だよ！今日の感想を書こう。│ │
│ │  「ことばの時間」ということばを使って書こう。│ │
│ └─────────────────────────────────────────┘ │
│    ┌──────────────────────────┐             │
│    │   年     組     番       │             │
│    └──────────────────────────┘             │
│  ┌───────────────────────────────────────┐  │
│  │ ‥‥‥‥‥‥‥‥‥‥‥‥‥‥‥‥‥‥‥‥‥ │  │
│  │ ‥‥‥‥‥‥‥‥‥‥‥‥‥‥‥‥‥‥‥‥‥ │  │
│  │                                    略 │  │
│  └───────────────────────────────────────┘  │
└─────────────────────────────────────────────┘
```

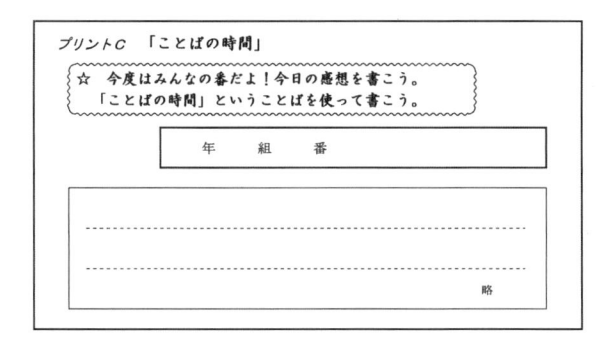

(4) 事前準備

ア　小学校への連絡
・校長の了解を取り、相談の上、5年生（2学級）で実施することとした。
・取り上げるトピックは担任に事前には知らせず、概要［6の（1）］のみを提供した。
・提示資料を置くための机を教室に用意した。

イ　担当する高校生への指導
・『探検！ことばの世界（新版）』（大津由紀雄著）の8頁から25頁を事前に読ませた。
・トピックのうち、「大きいリンゴの木」「給食／給食の時間」は、担当生徒との打合せの際　相談して作成した。また、「紅茶／学校／サッカー／英語」は、それぞれの生徒が作成し、表　現の内容やことばの順番などを確認した。
・言語の種固有性と種均一性、単語・線的順序・階層構造について解説した。
・「当日の流れ」と資料提示について確認した。

ウ　提示資料の準備
・資料にはマグネットを貼り、使用する順に並べておいた。
・小学生への配布プリントも種類別に封筒に入れ、効率よく配布、回収できるよう準備した。

(5) 小学生の感想

　高校生が作った「紅茶、学校、サッカー、英語」の例のように、「ことばの時間」という語の前にどんどん言葉を付け足す形で感想を作っています。「ことばの時間」という語を使って感想を作った小学生もいます。普通に感想を書いても可としています。

・言葉の時間
　　考えた言葉の時間
　　言葉について考えた言葉の時間
　　楽しく言葉について考えた言葉の時間
・ことばの時間
　　とても不思議なことばの時間

世界中のとても不思議なことばの時間
・ことばの時間
　　おもしろい内容があることばの時間
　　はじめてしったことがあるおもしろい内容があることばの時間
　　わからないことがあるはじめてしったことがあるおもしろい内容があることばの時間
　　いろいろわかったわからないことがあるはじめてしったことがあるおもしろい内容があることばの時間
・かぎりがないことばの時間
　　いろんな答えかぎりがないことばの時間
　　みんなで対話いろんな答えかぎりがないことばの時間
　　楽しく勉強みんなで対話いろんな答えかぎりがないことばの時間
　　少しひねった楽しく勉強みんなで対話いろんな答えかぎりがないことばの時間
・1つの文（表現）だけで9つの意味がとれると分かってびっくりしました。他の勉強よりも楽しいことばの時間。ことばの時間楽しかったです。
・見方を変えると、いろいろな意味が出てきて、文（表現）は、はじめの言葉につけくわえていくとどんどんくわしくなっていき、意味は特別なことばになっていくことがあり、おくが深くびっくりしました。おもしろいことばの時間でした。
・今日はお兄さん二人に2時間授業をしてもらって、あらためて言葉の楽しさが分かりました。今日の言葉の時間で一番楽しかったのは、絵を書いた時です。いろいろ前に言葉をつなげて、本当におもしろくて楽しい言葉の授業でした。またこのような事があったら、またお兄さん二人にいろいろ教えてもらいたいです。今日は楽しかったです。
・今日蕨高生の人たちと言葉の不思議について勉強してみて、言葉にはいろいろな意味があるのを初めて知りました。すごく勉強になりました。また、こういうきかいがあったらやってほしいです。絵がうまかったです。
・今日の「ことばの時間」の授業で、ふだんふつうに使っている日本語だけど、日本語はこんなにひみつがかくされていたんだということを知りました。
・せつめいもよくわかり、分からないこともちゃんとおしえてくれたのでおぼえやすかったです。ああいうおしえかたもいいなあと思いました。
・日本語について法則や性質が色々と分かりました。おもしろくてとても楽しいことばの時間でした。
・いつもはきらいだった国語が大好きになって、いままでよりも時間がすごくみじかくなったような気がした、おもしろくて楽しいことばの時間でした。
・今日、蕨高校生の人達とことばのことを勉強して、ことばについてよく分かりました。どんどんつなげていったり性質などが分かって、しかも楽しいことばの時間になりました。絵や図に表して書いたりして頭を

使ってできたりしたのでおもしろかったです。またきかいがあったらやりたいです。ありがとうございました！！！

(6) 担当した高校生の感想
　4名の生徒それぞれの感想〔○□◇☆の印ごとに同じ生徒の感想になっています。〕

ア　説明や資料の提示の仕方でどのような工夫をしましたか。
○説明をする時、できるだけ分かりやすい表現をするよう心がけました。また、言葉のまとまりの種類を分けて黒板に書く工夫もしました。
□黒板に資料を貼る時は、全員がちゃんと見えるように、自分が立つ位置に気をつけました。説明の時は、はっきりと大きな声で話すのと、声のトーンを高くして、明るく話すようにしました。
□子どもたちが興味をなくさないように、資料を探す時や貼る時も無言にならないように気をつけたり、コミュニケーションがとれるように色々話しかけたりしました。
◇資料は、書かれている題を伝えながら、生徒に見やすいようにできるだけ高い位置に貼りました。詳しく説明する時は、難しい言葉を使わないように、例を考えながら、小学生に伝わるように説明しました。また、立ち位置にも気を使い、資料の前に立たないように心がけました。
☆黒板に貼った資料の前に自分が立たないようにして、小学生のみんなが見えるようにしました。また、後ろの方の子どもに聞こえるように大きくはっきりとした声で説明するようにしました。

イ　説明をしていて難しいと感じたところはありましたか。あったとしたら、どのようなところでしたか。
○子供たちが理解しやすい説明にするための言葉選びが難しく感じました。
□その答えは間違っているんだよというのを、どのように伝えればいいのかが、すごく難しく感じましたし、うまくフォローするのが大変でした。
□「宇宙人」の表現は、自分で説明していてもときどき頭が混乱してしまいました。
◇聞いている全員に理解できるように伝えるということが一番大変でした。一部の人しか理解できないようでは意味がないし、また、全員に声が聞こえないというのでは授業にならないので、大きな声ではっきりと分かりやすく話すということが大事だと学びました。
◇生徒の疑問に対して説明するのが、すごく難しい時があり、あたふたしてしまいました。
◇大勢の前でも緊張せずに喋ること、これが授業の最初に特に難しかったです。
☆自分は事前に打ち合わせをしていたので理解していても、小学生たちに分かりやすく伝えるにはどうすればいいかという点が難しかっ

です。

ウ　授業中の小学生の反応について、あなたはどのように感じましたか。また、「なるほど！・分かった！・そうか！」と、小学生が反応したのは、どんな場面でしたか。

○説明をよく聞いてくれていて、言葉の「面白さ」を発見したら、すぐに手をあげてくれたり、声に出してくれたので、積極的でとても良いなと感じました。特に、「紅茶」と「学校」の「少し大きなまとまり」の時の反応が良かったと思います。

□はじめのうちは、ほとんど反応がなく、静かだったので、あまり興味がないのかと思ってすごく不安でしたが、だんだんみんな笑顔になって楽しそうにしてくれたので嬉しく感じました。

□私の描いたお化けの絵を見て「なるほど」と言ってくれたので、ちゃんと伝わって良かったと思いました。

□「宇宙人」の時は、私たちの説明や友達の意見に「おー」とか「へー」とかと一言でも発してくれるのが嬉しかったです。

◇比較的おとなしかったと思いましたが、みんながちゃんと話を聞く態勢であることがよく分かり、質問をした時もすぐに手を挙げてくれて、とても授業が進めやすかったです。

◇小学生が頷いてくれたり、「分かった人？」と問いかけて、みんなが手を挙げてくれたりしたので、自分の伝えようとしていることが実感できました。

◇資料で具体的な絵が出てきた時が一番よく反応してくれた場面だと思います。

☆もっと静かになってしまうかと心配していましたが、小学生は授業にとても積極的で挙手も多かったので良かったです。また、説明しているだけでは分かりにくかった所も絵を使ってみると理解してくれた様子でした。

エ　「ことばの時間」で扱ったトピックで、自分でも興味深い、おもしろいと感じたのはどのトピックでしたか。

・ぼくと手をつないでいるポチとミケ
　理由：
☆誰と誰がつないでいるという点に注目してみると、3つの意味がとれるが、実際授業をしてみると、小学生から「輪になってつないでいる」という意見もあり、表現のとらえ方はたくさんあると思いました。

・こわい目の（　　）
　理由：
○前半のまとまりで区切ると（　　）に入る言葉はすぐ思いつきますが、後半のまとまりのものは、打ち合わせでもなかなか出てきませんでした。しかし、子どもたちの意見からはいくつか出てきたので面白いと

思ったからです。
□自分で考えた時はあまり浮かばなかったけれど、小学生はたくさん考え出せてすごいと思いました。
□「お化け」は自分でもいい例になったと思います。

・チョコバナナ／バナナチョコ
　理由：
□「物が変わる」というのが、日常で普通に意識せずに使っていたから面白いと思いました。高校の友人に話したら「なるほど」と言って感心していました。
◇後にある言葉が「本体」で、前にある言葉が「付属品」となって構成され、それを逆にしただけでモノそのものが変わってしまうところが興味深く思いました。
☆同じ二つの単語であるのに、順序を変えると全く違う意味になるという点。

・茶色い目の大きな犬を飼っている宇宙人
　理由：
○この表現だけで9通りも意味がとれるなんて、最初は思わず驚いたからです。
□自分たちでも考えるのが難しかったし、頭で分かっていてもうまく言葉で説明できなくて大変でした。
◇長い表現になればなるほどパターンが増え、様々な区切り方で考えることができたから、面白いと思いました。
☆表現によっては非常に多い意味を含んでいるという点がおもしろく感じました。

オ　講座を担当することになって事前に勉強したり実際に小学生に授業を行ったりして、「ことば」に関することや自分自身のことで、新たに気付いた点などがあれば書いて下さい。
○今回、事前に資料に目を通して、今まで気にしたことがなかった言葉のまとまりがたくさんあるということに改めて気付きました。また、自分たちで考えていた事より、子どもたちのほうが色々なパターンのまとまりを出してくれたので、授業をやりながらこちらが勉強になることもあり、お互いに学習し合えて良かったと思います。
□自分たちは分かっていることでも改めて説明するとなると難しいと思いました。自分が中学校で文法を勉強した時はよく分からなくて、「でも、別に分からなくても普通に話せるからいいや。」と思って流してしまっていたけれど、自分でこの授業をやってみて、「ああ、そういうことか。」と納得することが多かったです。こういった授業はどの小学校でも実施した方がいいと思います。
◇今回、「ことば」の講座を受け持つことになって、普段何げなく使っていることばを見直すきっかけになりました。また、ことばに対する興味

や疑問が生まれ、自分にとってもいい授業になりました。授業を受け持ってみて、先生の大変さ、難しさを知るとともに、教える喜びや楽しみを学ぶことができました。このような貴重な経験ができて本当に良かったです。

☆今回この講座を担当させていただくことができて、自分の普段話している言葉に対しての考えが変わったように思います。自分の国の言葉であるのにもかかわらず、知らない事であったり気付いていない事がとても多くあることを知ることができる良い経験になりました。また、小学生に授業を行ってみて、人に何かを教え、伝える事の難しさや面白さを感じることができました。

(7) 反省等
・今回の企画は、「ことばへの気づき」について、小学生だけでなく、リーダー役の高校生にも自ら気付く機会を与えることができたことは一定の成果である。
・小学生の「なぜ？」に応えるためには、小学校の教員が指導者になることが必要である。
・今回実施した「ことばの時間」の展開や小学生、高校生の感想は、「言語教育とことばへの気づき」に関して、教員の意識を変える材料の一つである。
・マスコミ（テレビ1社、教育専門紙2社）の取材を活用して広報活動を行うことができる。

7. これからの課題
(1)「ことばへの気づき」の有用性をどのように広めるか。
(2)「ことばの時間」のための「時間」を教育活動の中にどのように位置付けるか。

参考資料
・大津由紀雄（2004）『探検！ことばの世界（新版）』、ひつじ書房。
・大津由紀雄（1996）『ことばのからくり　ぼくらは赤いうたうさぎ』、岩波書店。
・窪薗晴夫（2005）「音韻論」、中島平三（編）『言語の事典』、朝倉書店、pp. 20-40。

クイズの答え

p. 51

ハロー（英語）、ニーハオ（中国語）、ジャンボ（スワヒリ語）、ボンジュール（フランス語）、アッサラーム（アラビア語）、グーテンターク（ドイツ語）、アンニョンハセヨ（韓国語）

［調べてみよう］
インターネットや少し大きな辞書で、「スペイン語」「フランス語」を検索してみてください。

> フランス、ベルギー、スイス（以上、ヨーロッパ）、カナダ（北アメリカ）、コンゴ、マダガスカル、ギニア、カメルーン、セネガル、ルワンダ（以上、アフリカ）…

フランス語

> スペイン（ヨーロッパ）、メキシコ、コスタリカ、グアテマラ、エルサルバドル、パナマ、ホンジュラス、ニカラグア（以上、中央アメリカ）、コロンビア、ベネズエラ、エクアドル、ペルー、ボリビア、チリ、アルゼンチン、ウルグアイ、パラグアイ（以上、南アメリカ）、赤道ギニア（アフリカ）

スペイン語

p. 55

ラーフル（黒板消し）、いちびり（ふざける人）、いらち（すぐいらいらする人）、けった（自転車）、ほうか（休み時間）、ゲラ（よく笑う人）

［調べてみよう］
思いつかないときは、家族の人たちや転校してきた友だちにたずねてみましょう。
＊日本各地の方言について知りたいときは三井はるみ（監修）『まんが 方言 なんでも事典』（1998年、金の星社）などの本を読むか、インターネットで「○○弁」（大阪弁、津軽弁…）を検索してみましょう。

p. 57

がる（叱る）、靴をふむ（履く）、がめる（盗む）、ぎんなか（恥ずかしい）、もじょか（かわいい）、てそか（疲れた）、ぐらしか（かわいそう）、こえた（太った）、ちんがらっ（めちゃくちゃ）、やじょろしか（うるさい）

p. 65

栃木（To_tigi, To_chigi）
千葉（_Tiba, _Chiba）
松島（Matu_sima, Matsu_shima）
島根（_Simane, _Shimane）
四国（_Sikoku, _Shikoku）
福島（Huku_sima, _Fukushima）
桜島（Sakura_zima, Sakurajima）
金沢（Kanazawa, Kanazawa）

p. 68

1. 略
2. 重箱読み（正田、合田、伝田、福田）、湯桶読み（杉藤、松藤、高藤）
3. 草木（訓：くさき、音：そうもく）、草花（訓：くさばな）、上下（訓：うえした、音：じょうげ）、腹痛（訓：はらいた、音：ふくつう）、頭痛（音：ずつう）、肩車（訓：かたぐるま）、風車（訓：かざぐるま、音：ふうしゃ）、女心（訓：おんなごころ）、父母（訓：ちちはは、音：ふぼ）、祖母（音：そぼ）、先生（音：せんせい）、子供（訓：こども）、七草（訓：ななくさ）、雑草（音：ざっそう）
4. 夏休み（訓）―夏期休暇（音）、祝日（音：しゅくじつ）―旗日（訓：はたび）、山登り（訓：やまのぼり）―登山（音：とざん）、若者（訓：わかもの）―老人（音：ろうじん）

p. 75

＊記念日は日本記念日協会の「今日の記念日」（http://www.kinenbi.gr.jp/）で検索できます。

1. 略
2. ニンニクの日（2月29日：2（に）＝音、9（く）＝音）、パンツの日（8月2日：8（はち）＝訓、2（ツー）＝英語）、富士山の日（2月23日：2（ふ）＝訓、2（じ）＝音、3＝音）、ムーミンの日（6月3日：6（む）＝訓、3（み）＝訓）、パイナップルの日（8月17日：8（は）＝音、1（い）＝音、7（な）＝訓）、自分のクラスの日（略）

記念日のクイズ（続編）

1. 2月2日（夫婦の日）、2月9日（服の日）、2月10日（ふとんの日）、5月6日（ゴムの日）、5月18日（ことばの日）5月29日（呉服の日）、8月19日（バイクの日）、8月31日（野菜の日）、9月29日

（クリーニングの日）
2. 風呂の日（11月26日）、銭湯の日（10月10日）、ミントの日（3月10日）、こんにゃくの日（5月29日）、さやえんどうの日（3月8日）、庭の日（4月28日）、救急の日（9月9日）、虫の日（6月4日）、トラックの日（10月9日）、トマトの日（10月10日）、笑顔の日（2月5日）、虹の日（7月16日）、おでんの日（2月22日）、おばあさんの日（8月8日）、いい夫婦の日（11月22日）
3. 略（想像してみましょう）

p. 79
え→柄、絵　き→気、木　し→死、4、詩、市　め→目、芽　くも→蜘蛛、雲　あめ→飴、雨　はな→鼻、花　しろ→白、城　かわ→川、皮　かみ→髪、紙、神

p. 85
夜道は（暗い）、帯を（解いた）、腕の（骨を折った）、背中に（土がついた）、土俵から（足が出た）、性格が（暗い）、パーティーは（足が出た）、成功させるために（骨を折った）、法律には（暗い）、問題を（解いた）、十日目に（土がついた）

なぞなぞの答え
1.「と」の文字、2. よだれかけ、3. 梨、4. しゃっくり、5. つめたい、6. おしくらまんじゅう、7. ゆびわ、8. ゆでたまご、9. はちまき、10. 信号無視、11. かたぐるま、12. 鼻（をかむ）

p. 90
1. 蛤（浜＋栗）、一日（月＋立ち）、夫（男＋人）、すみれ（墨＋入れ）、盥（手＋洗い）、服部（機＋織り）、嘆き（長＋息）、炎（火の＋穂）、鵯（ピヨ＋鳥）
2. 人影（ひと＋かげ）、火＋トカゲ、秋田＋県、秋田＋犬、新＋学科、神学＋科、好＋景気、後継＋機、汚職＋事件、お食事＋券、薬剤師＋会、やくざ＋医師会

p. 93
コロッケカレーとカレーコロッケ（略）

p. 95
英語：緑＋家（温室）、アイヌ語：目＋水（涙）、フィンランド語：郵便＋カード（はがき）、イタリア語：リンゴ＋金の（トマト）、タイ語：水＋みかん（オレンジジュース）、ヘブライ語：ボール＋足（サッカー）

p. 99
1. 和菓子（わがし）、渋柿（しぶがき）、ひら仮名（ひらがな）、上書き（うわがき）、つまみ食い（つまみぐい）、仕事帰り（しごとがえり）、二枚貝（にまいがい）、みなし子（みなしご）
2. 雨（あめ）―雨宿り（あまやどり）、酒（さけ）―酒盛り（さかもり）、金（かね）―金具（かなぐ）、胸（むね）―胸騒ぎ（むなさわぎ）、目（め）―眼差し（まなざし）

［調べてみよう］
国語辞典で調べてみましょう。
（例）（しろ）白酒、白黒、白組...；（しら）白鷺、白川、白々しい...
　　　（ひ）火遊び、火の用心...；（ほ）火照る、炎（＝火の穂）
　　　（き）木々、木登り...；（こ）木の実、木の葉、木陰、木漏れ日...

p. 103
プロ（フェショナル）、アルミ（ニウム）、バスケ（ットボール）、パンフ（レット）、アスパラ（ガス）、イントロ（ダクション）

［調べてみよう］
（例）たかし君→たっくん、ひでとし君→ひでくん、まさこちゃん→まあちゃん、あきこちゃん→あっちゃん

p. 105
パーソナル・コンピューター、エア・コンディショナー、リモート・コントロール、東京・芝浦、肉・じゃがいも、プリント・クラブ、ハリー・ポッター、センチ・メートル、コンタクト・レンズ、ペット・ボトル

［調べてみよう］
(1) ファミ（リー）・レス（トラン）、日（本）・赤（十字社）、天（ぷら）・どん（ぶり）、日（本）航（空）
(2) スーパー・（マーケット）、カッター・（ナイフ）、金・（メダル）、キロ・（グラム）、
(3) ユニバーサルスタジオ・ジャパン（USJ＝Universal Studios Japan）、アメリカ合衆国（USA＝United States of America）、日本航空（JAL＝Japan Airlines）

p. 109
ヴィッセル神戸＝（ヴィクトリー（＝勝利））×ヴェッセル（＝船）
ママゴン＝ママ×（ドラゴン（＝龍））

ヒネ＝ひえ×(稲)
大田区＝(大森)×蒲田(かまた)
グリコピア＝(グリコ)×ユートピア
ジャビット＝ジャイアンツ×(ラビット)

p. 111
(タイヤー)に乗る、(ムンイキ)がいい、年は(ひとさい)、(せこやま)さん、(全国中)のファン、(ひさびさぶり)に会った

p. 115
手(ハンド)、頭(ヘッド)、7(セブン)、10(テン)、夏(サマー)、冬(ウィンター)、机(デスク)、切符(チケット)、鉛筆(ペンシル)、太陽(サン)、月(ムーン)、水(ウォーター)、手紙(レター)

[調べてみよう]
ガム(英語)、ゴム(オランダ語)、エネルギー(ドイツ語)、ズボン(フランス語)、ピザ(イタリア語)、カステラ(ポルトガル語)、ラーメン(中国語)

なぞなぞの答え
1. コーラ、2. ソーダ、3. フライパン、4. トマト、5. ミルク、6. ボタン、7. トラック、8. オーバー

p. 117
(1番目のクイズ)
省略

(2番目のクイズ)
(1)「太郎君」と「花子さん」のそれぞれのあとに「が」または「を」が続いている。
(2)「追いかけた」が最後に来ている(ただし、p.119のコラムを参照)。

p. 118
省略

p. 121
本文を参照

p. 123
(1)

```
         ┌───┬───┬───┬───┐
         │   │   │   │   │
次郎君 が 佐知子さん に ハンカチ を あげた
```

(2)

```
         ┌───┬───┬───┬───┬───┐
翔さん が 太郎君 と 自転車 で 公園 へ 行った
```

p. 126
省略

p. 130
省略

p. 133
(1) 太郎と、花子のお母さん。太郎と花子の、お母さん。
(2) あの、犬の小屋。あの犬の、小屋。
(3) 教室に、ある本を運んだ(＝ある本を、教室に運んだ)。教室にある本を、運んだ。(＝教室にある本を、別のところに運んだ)。
(4) 私の姉は東京へ行って、いません。(＝東京へ行っているから、ここにはいません)。私の姉は東京へ行っていません。(＝東京へは行っていません。ここにいます)。
(5) あの人には、気をつけろと言った。(＝あの人には、(車に)気をつけろと言った)。あの人には気をつけろ、と言った。(＝○○さんに、「あの人には気をつけろ」と言った)

p. 135
1. 下線部を高く強調して発音する
(1) 走り回らないで、ちゃんと<u>座りなさい</u>。
だらしなく座らないで、<u>ちゃんと</u>座りなさい。
(2) どうして来たのよ。<u>来ないで</u>よ。
明日の音楽会は、来ないで<u>よ</u>。
(3) ずっと待っているのに、まだ<u>来ない</u>のよ。
こっちはあぶないから、来ないの<u>よ</u>。
(4) お料理、へたかと思ったら、案外<u>じょうず</u>じゃない。
お料理、うまいと思ってたのに、ぜんぜんじょうずじゃ<u>ない</u>。
(5) そんなことをするなんて、<u>馬鹿</u>じゃないの。
私だってちゃんと考えてるの。馬鹿じゃ<u>ない</u>の。
(6)「かわいい子には<u>旅をさせよ</u>」と言いますから、娘さんには旅をさせた方がいいですよ。
「<u>かわいい子には</u>旅をさせよ」と言いますから、あなたの娘さんには旅をさせてはいけませんよ。
2. 僕は<u>富士山より高く飛び上がれる</u>。
(a) 僕は、富士山よりも高いところまで飛び上が

れる。
(b)（僕と富士山が競争したら）僕は富士山より高く飛び上がれる。

p. 138

1. 「暑くありませんか？」を「窓をあけてほしい」という依頼の意味で使う。
2. 運動会の借り物競争（指定された品物を観客から借りて、その速さを競う）

p. 141

1. 次の言葉は何と読むでしょう？
紙一重（かみひとえ）、一足（ひとあし）先に行く、一汗（ひとあせ）かく、二桁（ふたけた）、二重瞼（ふたえまぶた）、二手（ふたて）に分かれる、三つ（みつ）編み、三日月（みかづき）、三つ（みつ）どもえ、四つ（よつ）足、四日市（よっかいち）、四つ角（よつかど）、四つ葉（よつば）のクローバー、四つん這い（よつんばい）、五日市（いつかいち）、五木の子守歌（いつきのこもりうた）、六つ切り（むつぎり）、七転び八起き（ななころび、やおき）、春の七草（ななくさ）、七色（なないろ）の虹、七尾（ななお）、八尾（やお）、八重山（やえやま）、八百屋（やおや）、九重部屋（ここのえべや）

p. 145

1. 40（しじゅう、よんじゅう）、404（よんひゃくよん）、4月4日（しがつ、よっか）、4才（よんさい）、4人（よにん）、4匹（よんひき）、4回（よんかい）、4階（よんかい）、四万十川（しまんとがわ）、『二十四の瞳』（にじゅうしのひとみ）、四苦八苦（しくはっく）
2. 70（しちじゅう、ななじゅう）、707（ななひゃくなな）、7月7日（しちがつ、なのか）、7才（ななさい）、7人（しちにん、ななにん）、7匹（ななひき）、7回（ななかい）、7階（ななかい）、七匹（しちひき）のこやぎ、七五三（しちごさん）、7x4＝28（しちし、にじゅうはち）、7かける4は28（「なな」かける「よん」は、「にじゅうはち」）、五七五七七（ごしちごしちしち）

p. 148

（下線部＝1を読まないところ）1円、10円、100円、201円、315円、1000円、2110円、1万円、10万円、100万円、1000万円、1億円、1億1111万1111円

あ と が き

　この本の企画に先立つ、ことの経緯について記しておきたいと思います。
　2003年から2005年まで毎年12月に慶應義塾大学三田キャンパスにおいて「小学校英語」を主たるテーマとしてシンポジウムを開催しました。一連のシンポジウムは「慶應の暮シンポ」として定着し、毎回主催者の予想をはるかに上回る参加者を集め、活発な討論が展開されました。これらのシンポジウムの記録は『小学校での英語教育は必要か』、『小学校での英語教育は必要ない！』、『日本の英語教育に必要なこと』として、いずれも慶應義塾大学出版会から公刊されており、こちらも小学校英語や英語教育一般について考えるための必読書として多くの読者を得ています。
　2003年のシンポジウムの頃は、小学校英語に対する異常としか形容のしようのない期待感が世間に充満し、その教科化は時間の問題としか考えられない状態でした。その状態に大いなる危機感を感じた私は2003年のシンポジウムにおいて「小学校で英語は必要か」と題して、その賛成派と反対派の論客に参集いただき、小学校英語の根本にある問題を浮き彫りにしようと試みたのです。
　2003年のシンポジウムを受け、2004年には「小学校での英語は必要ない！」と題して、小学校英語というもくろみがいかに有効性を持ち得ないものであるのかを明らかにするためのシンポジウムを開催しました。討論参加型司会者を依頼した故波多野誼余夫氏の登壇者一人ひとりに対する卓越した問いかけにより、小学校英語断固反対という素朴な反対論から脱却した、英語教育や言語教育の本質を見極めようとする取り組みかたが見え始めたのがこの頃でした。
　そのシンポジウムの参加者を交えた討論において、参加者の一人であった小笠原林樹氏はフローから主宰者の私に対して、「このシンポジウムの成果を踏まえ、社会的行動を起こすつもりはないのか」と迫りました。そのとき、私は「いまのところ、そのようなつもりはない」とだけ応じました。
　2回目のシンポジウムが終わり、3回目の、まとめのシンポジウムの構想を練り始めたとき、いまもまだ明かすことができないできごとがあり、小笠原氏のいう「社会的行動」を起こす必要を強く感じ取りました。それが文部科学大臣に宛てた「小学校英語の教科化に反対する要望書」です。小学校英語反対といってもさまざまな立場があり、その立場の違いを越えて、小学校英語に対して、とりあえず、その「教科化」に反対するという一線で意見の集約を試みたのです。そして、1カ月にも満たない短時日の間に全国の英語・英語教育関係者をはじめとする50人の署名を集めることができました。中山成彬文部科学大臣（当時）宛のこの要望書は、國弘正雄英国エジンバラ大学特別特任教授と内田伸子お茶の水大学副学長にご同行願い、2005年7月19日、銭谷眞美文部科学省初等中

等教育局局長(当時。現文部科学次官)に手渡ししました。さらに、2006年2月14日には、小坂憲次文部科学大臣(当時)宛の、ほぼ同内容の要望書を、布村幸彦文部科学省大臣官房審議官(初等中等教育局担当)) 手渡しました。

　この要望書はマスコミでも広く報じられ、その後に公になったPISA学力調査における日本の児童・生徒の「読解力」の不足や藤原正彦や石原慎太郎ら母国語の重要性を説く論客の著書や発言がマスコミをにぎわあせたことともあいまって、《小学校英語どころではない》という状況が生み出されるに至りました。

　そのような状況のなかで、私は2006年2月28日、中央教育審議会外国語専門部会(第12回)に招かれ、小学校英語に対する考えを述べるよう要請されました。その会合での私の話により部会の小学校英語賛成派の委員がその考えを翻すことになったとのうぬぼれはありませんが、その場にオブザーバーとして居合わせたマスコミ関係者には少なからぬインパクトを与えることができたと考えています。

　この間にも、NHKテレビが「小学校英語、必修化へ」という「誤報」(文部科学省関係者)を報じたり、小学校英語教育指導者としてのお墨付きを与えることを旗印としたNPOがその活動を活発化させるなど、小学校英語に関するさまざまなできごとがありました。

　そうした事態に惑わされることなく、また、単に小学校英語反対ということだけで終わることなく、英語教育の本質を探ることが必要であるという認識を深めた私は、2005年12月、「締めのシンポジウム」と位置づけて、「英語教育が本当にやらなくてはならないこと」と題する本編と「小学校英語を考える」と題する番外編のふたつのシンポジウムを一挙に開催しました。このシンポジウムも多くの参会者を得ることができ、また、活発な議論が展開されました。

　当初からの予定どおり、「シンポジウム三部作」でシンポジウムのシリーズは完結させたのですが、多くの方々からその継続を求められたことと、なににも増して、私の内側にも新たな企画に対するエネルギーが沸いてきたこともあって、2007年12月に「ことばの力を育む——小学校英語を超えて」というシンポジウムを開きました。副題にあるとおり、小学校英語に対する止揚された対案としての「ことばの力を育む」教育を提案し、国語教育、英語教育、日本語教育などの関係者も交えて、そのありかたを探りました。

　これらの一連の動きを振り返ってみると、小学校英語に賛成か、反対かという、素朴な対立の構図では捉えきれない、まことに興味深い問題がたくさん浮き彫りになってきたことがわかります。中でも重要なのは、小学校教育をどう捉えるかという次元の問題と学校英語教育をどう捉えるかという次元の問題です。そして、さらにこのふたつの次元は教育というものをどう捉えるかという、より一般的な拡がりを持つ問題に帰着するのです。この本の理論編がこれらの点についてのわかりやすい解説になっていることを望みます。

　また、上に述べた一連の活動において、立場を越えて真摯に互いの意見を交わす機会を

得ることができました。なかんずく、松川禮子、直山木綿子、三森ゆりか、菅正隆、常盤豊、田尻悟郎、中嶋洋一、山田雄一郎、津田幸男、寺島隆吉、横溝紳一郎の諸氏(おおよそ、知遇を得た順)に感謝したいと思います。英語教育について広く、かつ、均整のとれた見識の持ち主である柳瀬陽介さんと津田正さんがさまざまな折りに意見交換に応じてくれたことにも感謝しています。

　この本の企画を思いついたときに、共著者としてお願いするのはこの方をおいていないと考えたのが、窪薗晴夫さんです。ことばについての研ぎ澄まされた分析力と豊かな知識に加えて、つぎつぎに飛び出す、的確かつ楽しい表現例にかねてから注目していたこともあり、共著のお願いをいたしました。幸い、快諾が得られ、この本ができました。遅筆で鳴らす筆者との企画をここまでひっぱってきてくれたのは実質的には窪薗さんです。

　「資料編」に収めた「「ことばの時間」の試み」を実践した上で、その内容を文章化してくださった、埼玉県立蕨高等学校教頭齋藤菊枝さん(慶應義塾大学訪問講師)は長年にわたる教育経験にもとづき、数多くの貴重な助言をしてくださいました。

　イラストを担当してくれたのは早乙女民さんです。早乙女さんとは長いお付き合いですが、仕事毎に、絵の雰囲気を変え、こちらの意図を十二分に読者に伝えてくれます。今回もおかげさまで楽しさが倍増しました。

　最後に、「慶應の暮シンポ」三部作以来のおつきあいである慶應義塾大学出版会の小磯勝人さんは今回の企画にあたってもいろいろと有意義な助言をくださり、大助かりでした。ありがとうございました。

　この本がきっかけとなり、小学校英語、英語教育、そして、言語教育、さらには教育一般について、新たな視点からの議論と実践が生まれてくることを心から楽しみにしています。

　2008年　春

大津由紀雄

大津　由紀雄（おおつ・ゆきお）

関西大学客員教授、慶應義塾大学名誉教授。1948年東京都大田区生まれ。Ph.D.（1981年、MIT、言語学）。認知科学の分野で、主として、第一言語（母語）獲得と統語解析の研究を行っている。研究成果の社会への還元の一端として、英語教育のあり方についても積極的に発言している。著書に『日本語からはじめる小学校英語──ことばの力を育むためのマニュアル』（共著、開拓社、2019年）、『英語だけの外国語教育は失敗する──複言語主義のすすめ』（共著、ひつじ書房、2017年）、『英語教育、迫り来る破綻』（共著、ひつじ書房、2013年）、『学習英文法を見直したい』（編著、研究社、2012年）、『ことばに魅せられて 対話篇』（ひつじ書房、2008年）、『英語学習7つの誤解』（生活人新書、NHK出版、2007年）、『日本の英語教育に必要なこと──小学校英語と言語教育政策』（編著、慶應義塾大学出版会、2005年）、『探検! ことばの世界』（ひつじ書房、2004年）などがある。

窪薗　晴夫（くぼぞの・はるお）

人間文化研究機構・国立国語研究所教授、副所長。日本言語学会会長（2015〜2018）。1957年鹿児島県（薩摩）川内市生まれ。大阪外国語大学（現大阪大学外国語学部）で英語を、名古屋大学大学院で英語学を、イギリス・エジンバラ大学で言語学・音声学を学ぶ（Ph.D. 1988）。南山大学、大阪外国語大学、神戸大学を経て2010年より現職。専門は音韻論（言語学）、他の言語との対照により日本語の仕組みを研究している。主な著書に『語形成と音韻構造』、*The Organization of Japanese Prosody*（くろしお出版）、『日本語の音声』『新語はこうして作られる』『アクセントの法則』『数字とことばの不思議な話』（岩波書店）、編著書に『オノマトペの謎』（岩波書店）、*Handbook of Japanese Phonetics and Phonology*（De Gruyter Mouton社）、*The Phonetics and Phonology of Geminate Consonants*（Oxford University Press）など。

ことばの力を育む

2008年4月25日　初版第1刷発行
2021年5月20日　初版第3刷発行

著　者　── 大津由紀雄・窪薗晴夫
発　行　者　── 依田俊之
発　行　所　── 慶應義塾大学出版会株式会社
　　　　　　　〒108-8346　東京都港区三田2-19-30
　　　　　　　TEL〔編集部〕03-3453-1594
　　　　　　　　〔営業部〕03-3451-3584〈ご注文〉
　　　　　　　　　〃　　　03-3451-6926
　　　　　　　FAX〔営業部〕03-3451-3122
　　　　　　　振替　00190-8-155497
　　　　　　　https://www.keio-up.co.jp/

デザイン・DTP ── ディービー・ワークス
イラスト ── 早乙女　民
装　丁 ── 廣田清子
印刷・製本 ── 株式会社　太平印刷社

©2008 Otsu Yukio, Kubozono Haruo
Printed in Japan　ISBN978-4-7664-1471-4

慶應義塾大学出版会

小学校での英語教育は必要か

大津由紀雄　編著

「英語学習は早く始めれば始めるほどよい」。
いや、「英語は中学生になってからでも十分間に合う」。

英語教育界の第一線で活躍する論客たちが、教科化の流れが加速しつつある<小学校英語>をさまざまな角度から議論し、提言する。

四六判フランス装／334頁
●1,800円
ISBN978-4-7664-1093-8
C0037

◆主要目次◆

I　公立小学校での英語教育の意義
小学校英語活動の現在から考える　松川　禮子
公立小学校での英語教育　大津由紀雄
　―必要性なし、益なし、害あり、よって廃すべし
Who's afraid of teaching English to kids?　唐須　教光
小学校英語教育、言語政策、大衆　和田　稔
早期英語教育をどうする　安井　稔

II　国際理解教育と英語教育
国際理解教育の一環としての外国語会話肯定論
　―競争原理から共生原理へ　冨田　祐一
小学校英語教育　鳥飼玖美子
　―異文化コミュニケーションの視点から

III　言語教育の現場から
小学校への英語導入について　直山木綿子
母語での言語技術教育が英語の基礎となる　三森ゆりか
公立小学校に英語教育を導入する前に　福澤　一吉
　―思考の論理表現教育のすすめ

IV　語学教育を考える
只管朗読と「必要悪」としての英語　國弘　正雄
語力教育とは何か　安西祐一郎

表示価格は刊行時の本体価格（税別）です。

慶應義塾大学出版会

小学校での英語教育は必要ない！

大津由紀雄 編著

「早くから英語に親しませておいた方が英語に対する抵抗感がなくなる」
は本当か？　「小学校ではほかの教科の内容をしっかりと学ぶ」ことが
先決ではないか?!

英語教育、認知心理学、言語学、言語政策など、さまざまな論点から学校英語教育のあるべき姿を模索する。

四六判フランス装/268頁
●1,800円
ISBN978-4-7664-1171-3
C0037

◆主要目次◆

I　学校英語教育の視点から考える「小学校英語」
- 小学校英語必修化の議論にひそむ落し穴　斎藤　兆史
- 小学校英語などとたわごとを言っているときか　茂木　弘道
- 小学校「英語活動」の何が問題なのか　寺島　隆吉

II　認知心理学の視点から考える「小学校英語」
- 認知学習論から考える英語教育　今井むつみ
- 小学校一年からの英語教育はいらない？　内田　伸子
  ―幼児期―児童期の「ことばの教育」のカリキュラム

III　言語教育の視点から考える「小学校英語」
- 学校での言語教育？　大津由紀雄
  ―「英語教育」を廃したあとに
- 多言語共生社会における言語教育　山川　智子
  ―多様な言語への気づきをきっかけに

IV　多角的に考える「小学校英語」
- 小学校教育に求められる基本的な知識とは　鈴木　孝夫
- 「必要ない」か「やめたほうがよい」か　波多野誼余夫
- 君と世間との戦いでは世間を支援せよ！　津田　正
  ―世間の期待と公立の小学校英語教育
- 小学校英語教育反対論は正論か邪論か　溝越　彰
  ―シンポジウムのフロアで考えたこと
- 語力と教育　安西祐一郎

表示価格は刊行時の本体価格（税別）です。

慶應義塾大学出版会

日本の英語教育に必要なこと
小学校英語と英語教育政策

大津由紀雄 編著

日本の英語教育の理念・目的は何か?
〈小学校英語〉はどうあるべきか?

小学校での英語教育に「反対」を示しながら、英語教育の進むべき道を探り、あるべき英語教育政策という根本問題を検討する。

四六判フランス装/318頁
●1,800円
ISBN978-4-7664-1294-9
C0037

◆主要目次◆
I 英語教育政策を考える
　原理なき英語教育からの脱却を目指して
　　―言語教育の提唱　　　　　　　大津由紀雄
　英語教育の原理について　　　　　柳瀬　陽介
　英語を「教えない」ことの意味について考える　市川　力
　英語支配論による「メタ英語教育」のすすめ　津田　幸男
　計画的言語教育の時代　　　　　　山田雄一郎
　モノリンガリズムを超えて
　　―大学までの外国語教育政策　　古石　篤子
　持続可能な未来へのコミュニケーション教育　鳥飼玖美子
　多文化共生社会に対応した言語の教育と政策
　　―「何で日本語やるの?」という観点から　野山　広
　日本の英語教育の現状と課題　　　菅　正隆

II 〈小学校英語〉を考える
　小学校での外国語教育
　　―期待すること、考慮すべきこと　バトラー後藤裕子
　公立小学校における英語教育
　　―議論の現状と今後の課題　　　大津由紀雄
　小学校英語の必要性の主張のあとに必要なこと　直山木綿子
　小学校での英語教育の意義と課題　田尻　悟郎
　小学校英語の現状と今後の展望　　菅　正隆

III ことばの教育を考える
　英語教育の目的
　　―入門教育か運用能力の育成か　波多野誼余夫
　対談 ことばの教育をめぐって
　　　　　　　　　安西祐一郎／大津由紀雄

表示価格は刊行時の本体価格(税別)です。